Jäger des verlorenen Zeitgeists

Der Autor:

Seine Tätigkeit als Werbetexter hat Frank Jöricke (*1967) aus Trier nicht geschadet. Im Gegenteil, zeichnet sich doch seine Sprache durch ihre Treffsicherheit und lebendige Fabulierkunst aus. Erweitert um den Blick des Texters, der schon von Berufs wegen immer ein genaues Sensorium für die kleinen und großen Widersprüche des Lebens haben muss, verfällt er dennoch nicht dem Zynismus oder der Verklärung. Mit einem Auszug aus seinem Roman *Mein liebstoller Onkel ...* zog er bis ins Finale des Poetry Slams in Trier. Außerdem gilt Jöricke als der Entdecker von Guildo Horn, arbeitet nebenbei als Bad-Taste- und Ü-30-DJ, ist Ex-Fußballschiedsrichter und manischer Blutspender (75 x in 19 Jahren!) — dabei sind seine Bücher alles andere als anämisch!

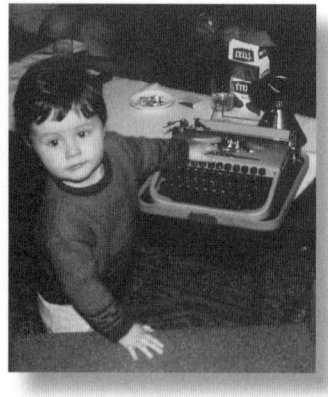

Jäger des verlorenen Zeitgeists

Frank Jöricke erklärt die Welt

solibro verlag

KLAR SCHIFF

1. Guido Eckert:
   Zickensklaven. Wenn Männer zu sehr lieben
   1. Aufl. 2009, ISBN 978-3-932927-43-0
   1. Aufl. 2013, eISBN 978-3-932927-59-1 (epub)
2. Peter Wiesmeier:
   Ich war Günther Jauchs Punching-Ball!
   Ein Quizshow-Tourist packt aus
   1. Aufl. 2010, ISBN 978-3-932927-45-4 (vergriffen)
   1. Aufl. 2013, eISBN 978-3-932927-58-4 (epub)
3. Guido Eckert:
   Der Verstand ist ein durchtriebener Schuft
   Wie Sie garantiert weise werden
   1. Aufl. 2010, ISBN 978-3-932927-47-8
   1. Aufl. 2013, eISBN 978-3-932927-60-7 (epub)
4. Maternus Millett:
   Das Schlechte am Guten
   Weshalb die politische Korrektheit scheitern muss
   1. Aufl. 2011, ISBN 978-3-932927-46-1
   1. Aufl. 2013, eISBN 978-3-932927-61-4 (epub)
5. Frank Jöricke:
   Jäger des verlorenen Zeitgeists
   Frank Jöricke erklärt die Welt
   1. Aufl. 2013, ISBN 978-3-932927-55-3
   1. Aufl. 2013, eISBN 978-3-932927-62-1 (epub)

ISBN 978-3-932927-55-3

1. Auflage 2013 / Originalausgabe
© SOLIBRO® Verlag, Münster 2013
Alle Rechte vorbehalten.

Umschlaggestaltung:
Nils. A. Werner, www.nils-a-werner.de / Wolfgang Neumann
Bildnachweis: S. 217
Druck und Bindung: *CPI – Ebner & Spiegel, Ulm*
Printed in Germany

FSC
www.fsc.org
MIX
Papier aus ver-
antwortungsvollen
Quellen
FSC® C006701

Bestellen Sie unseren **Newsletter** unter www.solibro.de/newsletter.
Infos vom Solibro Verlag gibt es auch bei **Facebook** und **Twitter**.

www.solibro.de   verlegt. gefunden. gelesen.

„*Wenn ich gewusst hätte, dass es alles nicht mehr geben würde,
hätte ich versucht, mich besser zu erinnern.*"

Armin Mueller-Stahl, *Avalon*

Inhalt

Dem wahren Popliteraten
Joachim Lottmann

Lebst du noch oder nostalgierst du schon?

Vorwort

Opa schloss 1945 mit dem Leben ab. Dabei hatte er den Zweiten Weltkrieg erfolgreich überstanden. Alle Kugeln und Kanonen der Alliierten hatten ihm nichts anhaben können. Und dennoch muss er entscheidend getroffen worden sein. Denn mit Kriegsende hörte er auf, sich für die Gegenwart zu interessieren. Adenauer und Erhard waren ihm ebenso egal wie Lennon und McCartney. Und was er von Rudi Dutschke und den „langhaarigen Bombenlegern" hielt, fragte ich ihn besser erst gar nicht.

Opa war keine Ausnahme. Für meinen Mathelehrer, einen Alt-68er, endete der Weltenlauf mit der Verleihung des Friedensnobelpreises an Willy Brandt. Über die Nachrüstung und die Machtergreifung Helmut Kohls ist er nie hinweggekommen. Wie so viele Menschen verstand er nicht, dass der Zeitgeist sich gedreht hatte.

Und wie ist es um die heute Dreißig-, Vierzig-, Fünfzigjährigen bestellt? Die Generation Revival. Menschen, die bei Tears For Fears Tränen der Rührung vergießen und bei Nostalgieanfällen Dr. Alban konsultieren? Höchste Zeit, sich die 60er, 70er, 80er, 90er und 00er Jahre mal ein wenig näher anzuschauen. Und die Gegenwart gleich mit.

Dieses Buch handelt vom Zeitgeist. Davon, dass früher zwar nicht alles besser, aber vieles anders war. Und davon, warum die Gegenwart so ist, wie sie ist. Warum wir zwischen Facebook und Vampirfilmen die Orientierung verlieren. Warum Grönemeyers Frage, „Wann ist ein Mann ein Mann?", noch immer nicht beantwortet ist und warum es die Frauen auch nicht leichter haben.

Es ist nicht immer einfach, den Zeitgeist zu entdecken. Dieser findet sich nämlich nicht nur in den Partner- und Bumsbörsen des Internet oder in den Latte-Macchiato-Bars der „Kreativen". Oft versteckt er sich dort, wo man ihn nicht vermutet. Zum Beispiel bei Krimidinnern, Ukulelenorchesterkonzerten oder Länderspielen der deutschen Nationalelf – schon Sepp Herberger wusste: „Die Wahrheit ist auf dem Platz."

Viel Spaß also mit der Wahrheit und der ein oder anderen gut frisierten Lebenslüge. Die gehört zum Zeitgeist nämlich seit jeher dazu.

Früher war alles besser? Ein Streifzug durch die letzten Jahrzehnte

Die 80er –
das verlorene Jahrzehnt

Ständig werden die 80er abgefeiert – warum eigentlich?

Je weiter die 80er Jahre zurückliegen, desto großartiger erscheinen sie vielen – höchste Zeit für eine Richtigstellung.

Irgendwas muss schiefgelaufen sein in der Gegenwart: Depeche Mode beschallen immer noch die Großraumhallen der Welt, Michael Jackson verkauft als Toter mehr Alben als die meisten Lebenden, und unlängst ist die gefühlte 17te Best-of-Zusammenstellung von Frankie Goes To Hollywood erschienen – bemerkenswert für eine Band, die nur zwei reguläre Platten veröffentlicht hat.

Sagte ich „Platten"? Es muss natürlich CDs heißen. Zu den technischen Neuerungen, die uns die 80er brachten, gehören auch jene kleinen Scheiben, die Musikredakteure seinerzeit gern als „Silberlinge" bezeichneten – ein gewagter Begriff für ein Produkt, dessen Herstellungskosten bei unter 10 Cent liegen, und dennoch passend zu einem Jahrzehnt, das um große hohle Worte nie verlegen war.

Dafür sorgten schon die Wanderprediger der Sekten BAP und U2, Wolfgang Niedecken und Bono Vox. Junge Menschen, die sich von den Amtskirchen abgewandt hatten, suchten ihr Heil bei selbst ernannten Messiassen, die zwar kein Wasser in Wein verwandeln konnten, aber Phrasen in Gold.

Bloß verkündeten Bono und Niedecken keine frohe Botschaft, sondern die Apokalypse. Wenn nicht grad wieder *Bloody Sunday* oder *Kristallnaach* drohte, herrschte die Sinnkrise. Das Leben als Jammertal. Die Passionsgeschichte, neu interpretiert von Wolle Niedecken. Keiner konnte so allumfassend leiden wie er, von A wie Afrika (Hunger) bis Z wie Zerrüttung (Beziehung). Der Anlass war dabei beliebig. Ob *Nackt im Wind*-Benefizsong oder *Anti-WAAhnsinns-Festival* in Wackersdorf – es gab immer eine Gelegenheit, die Schlechtigkeit der Welt anzuprangern. Was dabei auf der Strecke blieb, war der Spaß. Die Lebensfreude. Die Unbeschwertheit.

Und es sollte noch schlimmer kommen: Vernichtung drohte nicht nur in Tschernobyl, sondern auch in fremden Betten. Mit dem Aufkommen von Aids hörte das Liebesspiel auf, ein Spiel zu sein. Der kleine Tod konnte den großen nach sich ziehen. Spätestens, wenn Fragen wie „Kann man vom Küssen Aids kriegen?" öffentlich diskutiert wurden, erhielten verunsicherte Jugendliche den ultimativen Angstkick.

Denn das war die eigentliche Seuche jener Jahre: Angst. In den 60ern konnte man unschuldig rebellieren, in den 70ern unschuldig kopulieren. In den 80ern war es unmöglich geworden, unschuldig zu agieren. Ganz gleich, ob es um den Umgang mit Rohstoffen ging oder den mit Geschlechtspartnern – mit einem Mal hatte jedes Fehlverhalten üble Konsequenzen. Selbst ein harmloses Biergartenbesäufnis musste mit dem Tod zigtausender Gehirnzellen bezahlt werden. Nichts blieb folgenlos. Und gutmeinende Menschen, wie Journalisten mit Enthüllungs-, Mediziner

mit Aufklärungs- und Pädagogen mit Weltverbesserungs-
anspruch, wurden nicht müde, einen überall und ständig
daran zu erinnern. So wurde eine ganze Generation zum
Opfer der Informationsflut. Wir, die Kinder der 80er, wuss-
ten alles und kapier-
ten nichts. Vor lauter
Fakten verloren wir
den Überblick. Wir
lernten für die Schule,
aber nicht fürs Leben.

Zeitgeistentdeckung Nr. 1:
*In den 80er Jahren wurde die ge-
schickt verpackte Lüge gesellschafts-
fähig. Davon haben wir uns
bis heute nicht erholt.*

Wir gingen zur Uni, aber ohne Plan und ohne Ziel (weshalb jeder Dritte von uns das Studium abbrach). Anstatt
uns auf das Leben einzulassen, simulierten wir es nur.

Weil auch die 80er nur eine Simulation waren. Die einen täuschten Musik vor (Modern Talking, Milli Vanilli),
die anderen Regiekunst (Adrian Lyne, Tony Scott, Alan
Parker). Es ist kein Zufall, dass die prägenden Filme jenes
Jahrzehnts – *Flashdance*, *Top Gun*, *Neuneinhalb Wochen*, *Angel
Heart*, *Eine verhängnisvolle Affäre* – von Werbefilmern stam-
men. Von Leuten, die wissen, wie man Oberflächen so
zum Glitzern bringt, dass keiner mehr darauf achtet, was
sich darunter abspielt.

Dort nämlich gärte es, gab es Menschen, die beides satthatten – die Penetranz der Oberlehrer wie den Zynismus der
Verkäufer – und die nur auf einen Impuls warteten, um los-
zulegen. Doch das ist eine andere Geschichte. Die der 90er.

Zum Weiterlesen
Maxim Biller: *Die Tempojahre*

Die 90er –
das verworrene Jahrzehnt

Warum die 90er eine geistige Befreiung waren

Gemetzel auf dem Schlachtfeld, Gemetzel auf der Leinwand – und dennoch waren die 90er gar kein so schlechtes Jahrzehnt.

Das Tor zum Paradies stand sperrangelweit offen. Endlich war der Augenblick gekommen, die Vergangenheit hinter sich zu lassen. Ein neues goldenes Zeitalter stand unmittelbar bevor.

Das zumindest behaupteten 1990 die Leitartikelschreiber der großen Zeitungen. Mit dem Fall der Berliner Mauer wäre – so glaubten sie – nicht nur der Kalte Krieg zu Ende, nein, endlich würde auch der Weltfrieden Einzug halten. Alle Menschen würden Brüder.

An Brudermord hatte dabei leider niemand gedacht. Doch genau das geschah. Die jugoslawische Großfamilie, die jahrzehntelang leidlich miteinander ausgekommen war, zerstritt sich, als das Haushaltsgeld knapp wurde. Der folgende Geschwisterkrieg zwischen Kroaten, Serben, Bosniern und Albanern war die erste Überraschung der 90er: Das neue Zeitalter fühlte sich ziemlich alt an, ein wenig wie 1914.

Die zweite Überraschung war die, dass auch an anderen Orten der Welt kein Friede einkehrte. Solange zwischen den USA und der UdSSR das „Gleichgewicht des Schre-

ckens" geherrscht hatte, überlegten sich selbst durchgeknallte Drittweltdiktatoren zweimal, ob Sie beim Nachbarn einmarschieren sollten. Nun aber, da die UdSSR in ihre 15 Republiken zerfiel, rumste es an allen Ecken und Enden. Ob Kuwait, Tschetschenien oder Ruanda – plötzlich waren Krieg und Völkermord wieder en vogue. Worum es

Zeitgeistentdeckung Nr. 2:
In den 90er Jahren begann die große Unübersichtlichkeit. Seitdem wissen wir nicht mehr, wer die Guten sind und wer die Bösen.

dabei im Einzelnen ging, war für Menschen, die nicht Peter Scholl-Latour hießen, meist kaum nachvollziehbar. Wer waren die Guten und wer die Bösen im Bergkarabach-Konflikt? Und wo lag dieser Berg Karabach überhaupt?

Alles war so schrecklich kompliziert geworden. Und nicht einmal die Musik brachte Klarheit. Denn auch dort hatten sich die alten Frontstellungen – hier Radiopop und Stadionrock, dort Indie-Pop und Punkrock – aufgelöst. Am 11. Januar 1992 endete der Kalte Krieg der Musikszene. An diesem Tag erreichten Nirvana mit *Nevermind* Platz 1 der US-Charts. Damit war das Unvorstellbare eingetreten: Eine Independent-Band führte die Verkaufshitparade an, und das auch noch mit Grunge, einem musikalischen Bastard aus Hardcore-Punk und Metal!

Einen Kontinent weiter verhalfen Rammstein der Neuen Deutschen Härte zum kommerziellen Durchbruch. Sogar der oft atonale Techno fand seine Herde. An der ersten Loveparade 1989 hatten 150 Leute teilgenommen, 1994 waren es 120.000, 1999 über 1,5 Millionen.

Der Underground war Mainstream geworden. Das Extreme zog die Massen. Selbst Gewaltverherrlichung war nicht länger ein Fall für die Subkultur. Mit *Reservoir Dogs*, einem anderthalbstündigen Blutbad für Menschen mit robustem Magen, machte der ehemalige Videothekar Quentin Tarantino die Bosse in Hollywood auf sich aufmerksam. Dort stürzte man sich auf sein Drehbuch für *Natural Born Killers* und stellte ihm einen Blankoscheck für *Pulp Fiction* aus – zwei Filme, die Serien- und Auftragskiller ziemlich cool aussehen lassen. Was Millionen von Kinogängern nicht weiter störte.

Auch Gangsta-Rapper, wie Ice-T oder Snoop Doggy Dogg, wurden allenfalls milde dafür gerügt, dass sie in ihren Texten Straftatbestände wie Zuhälterei und Drogenhandel anpriesen. Schwerer hatten es da jene, die wie eh und je brav ihre drei Akkorde droschen. So schimpfte der Techno-Pionier Wolfram Neugebauer (Wolle XDP): „Rock ist reaktionär. Leute, die heute Rockmusik hören, leben in der Vergangenheit."

Nur traf dies nicht auf Bands wie Pulp, Blur und Oasis zu, die Rockmusik spielten und dennoch auf der Höhe der Zeit waren. Und genau das machte die 90er aus: Für jede Behauptung ließ sich ein Dutzend Gegenbeispiele finden. Kein Wunder, dass FAZ-Herausgeber Frank Schirrmacher in der Aufsatzsammlung *Der westliche Kreuzzug* nicht weniger als „41 Positionen zum Kosovo-Krieg" versammelte. Und jeder der 41 Autoren hatte irgendwie recht und irgendwie unrecht.

Das war verwirrend, aber gleichzeitig befreiend – weil Sowohl-als-auch mehr Spaß macht als Entweder-oder und weil die großen Vereinfacher (Ideologen, Extremisten, Verschwörungstheoretiker) plötzlich als Dummköpfe dastanden. Und so lösten die 90er dann doch noch das Versprechen der 80er ein: „Anything goes! Alles geht!" Oder, um mit der großen Philosophin Pippilotta Viktualia Rollgardina Pfefferminz Efraimstochter Langstrumpf zu sprechen: „Wir machen uns die Welt, widde widde wie sie uns gefällt."

Zum Weiterlesen
Judith Hermann: *Sommerhaus, später*

Die 00er –
das ewige Jahrzehnt

Und täglich grüßt das Murmeltier:
Wie uns die 00er Jahre verfolgen

Die Börsen fahren mal wieder Achterbahn, Al-Kaida ist noch immer nicht besiegt, und Harald Schmidt lästert wie eh und je ab. Es ist, als ob die 00er Jahre nie aufgehört hätten. Ein Rückblick auf ein Jahrzehnt, das nicht enden will.

Biene Maja ist schuld. Mit ihr fing alles an. Danach kamen Kermit und Miss Piggy, dann die schnellen Autos und schließlich der Staatsanwalt. So geht – in aller Kürze – die Geschichte des Medienunternehmens EM.TV, das mit den Rechten an Zeichentrickfilmen bekannt wurde, danach überteuert die Mutterfirma der Muppets und die Formel 1-Vermarktungsrechte erwarb, Bilanzen fälschte und sich am Ende finanziell übernahm. Und es ist die Geschichte des Neuen Markts, der viele solcher Jungunternehmen kannte, die rasant abhoben und noch schneller abschmierten. Vor allem aber ist es die uralte Geschichte der Gier. Vom Traum, ohne Anstrengung reich zu werden. Nur mit Aktien. Und zumindest am Anfang gelang dies sogar: Wer Ende 1997 mit 5.000 Mark einstieg, war Anfang 2000 Millionär. Und wer Anfang 2000 mit einer Million Euro einstieg, hatte Anfang 2003 noch 5.000 übrig.

Und irgendwie ist es auch die Geschichte des World Wide Web. Dass eine Nation braver Bausparer über Nacht zu tollkühnen Börsenzockern wurde, ist eine Folge des Internets und der damit verbundenen Möglichkeit, per Mausklick Aktien zu kaufen und zu verkaufen. Das Web beschleunigte nicht nur den Wertpapierhandel, sondern auch die Kommunikation.

Zeitgeistentdeckung Nr. 3:
Die 00er Jahre haben nie geendet. Die Börsen spielen schon wieder verrückt, die Taliban drehen weiterhin durch, und das Internet macht die Leute noch immer ganz kirre.

Flatrate sei Dank konnten Leute, die seit Jahren keinen Brief mehr geschrieben hatten, endlich rund um die Uhr „chatten" und „mailen". Und flirten. Der deutsche Wortschatz wurde um die „Internetbekanntschaft" bereichert. Längst ist die virtuelle Welt ein Ort realer Annäherungsversuche. Menschen verlieben sich nicht länger in verräucherten Eckkneipen, sondern vor Computerbildschirmen. Die sichere Distanz und die Gewissheit, sich jederzeit zurückziehen zu können, macht es selbst Schüchternen leicht, die Fühler auszustrecken.

Doch der Zweifel bleibt. Nicht nur Papier ist geduldig, sondern auch die Eingabemasken der sozialen Netzwerke und Partnerportale. Nirgendwo wird so unverblümt geflunkert und so schamlos geschönt wie im Web, oder sagen wir's netter: Imagepflege betrieben. Muss ja keiner wissen, dass das Foto im Netz schon neun Jahre alt ist und allenfalls zufällige Ähnlichkeit mit lebenden Personen aufweist. Spätestens bei der Begegnung in 3D mit Geruchs- und Tonspur – „Date" hieß das früher – tritt die Ernüchterung ein: Glamourgirl entpuppt sich als piepsende graue Maus, und Adonis hat Schuppen und Mundgeruch. Wieder ein Traum geplatzt.

Doch wir wollen nicht klagen. Eigentlich geht es uns gut. So gut, dass wir von jenen, denen es schlechter geht, gehasst werden. Wie sehr, das wird uns seit dem 11. September 2001 immer wieder vor Augen geführt. An diesem Tag gingen nicht nur Wolkenkratzer zu Bruch, sondern auch Weltbilder. Mancher zu Wohlstand gekommene Altaktivist musste lernen, dass Solarzellen auf dem Dach, Rußfilter im SUV und Einkäufe beim Öko-Edelitaliener zwar das eigene Gewissen beruhigen, nicht aber todesbereite Fundamentalisten, denen die ganze Erste Welt (also wir) ein Dorn im Auge ist.

Lauter schlechte Nachrichten also? Keineswegs. Die nahenden Lawinen – Bankrott von Städten und Staaten, soziale Unruhen Marke London/Athen, Häufung von Hurrikans und anderen Klimakapriolen – verlangen Rettungskräfte, die unerschrocken agieren. Klare Köpfe, die ihre Illusionen hinter sich gelassen haben und zwischen Wunsch und Wirklichkeit zu unterscheiden wissen. Kurz: Menschen, die in den 00er Jahren erwachsen wurden. Bereit für die Zukunft?

Zum Weiterschauen
Die fetten Jahre sind vorbei (Regie: Hans Weingartner)

Früher war alles besser! Auf Schatzsuche in der Vergangenheit

1968 – das Jahr des Schlagers

Warum Peter Alexander revolutionärer war als Rudi Dutschke

Dorthe spottete *Wärst du doch in Düsseldorf geblieben*, Heintje rief nach *Mama*, und Roy Black stellte fest: *Wunderbar ist die Welt.*

Natürlich war sie das nicht. In Vietnam hagelte es Bomben, in Frankreich und Deutschland flogen Steine. Andreas Baader steckte ein Kaufhaus in Brand, und Rudi Dutschke erlitt einen Kopfschuss. Es gärte überall. Und der Schlager musste darauf reagieren. Später, in den 70ern, sollte er sich dem Zeitgeist ergeben. Versuchte sich in Gesellschaftskritik. Juliane Werding besang dann den Drogentod und Christian Anders die Großstadteinsamkeit. Das war nicht so schön.

Damals aber, im Zauberjahr 1968, glaubten noch alle, man müsse der verschärften Wirklichkeit einfach nur verschärfte Schlager entgegensetzen. So wurde der Schlager zum Rauschmittel. Mit dem Sänger als Dealer.

Vorneweg: Peter Alexander. Peter der Große. 42 Jahre alt und gerade angekommen auf dem Gipfel der Schaffenskraft. Peter Alexander war damals sogar besser als Tom Jones. Und um das jedem zu beweisen, sang er Jones-Titel auf Deutsch. Auf *Komm und bedien dich* (Original: *Help yourself*) klingt er so überdreht und überschäumend wie nie. Hier lässt einer drei Minuten lang die Korken knallen. Entwickelt eine Vision vom Leben als Champagnerpicknick. Deshalb klingen Zeilen wie, „Ich lad dich ein, und du sagst

Yes, und zum Dessert gibt's Happiness", auch nicht albern, sondern wahrhaftig.

Denn die Schlagerstars des Jahres 1968 wissen nicht wohin mit ihrer Lebenslust. Dorthe spricht auf der Straße wildfremde Männer an (*Sind Sie der Graf von Luxemburg?*), und France Gall trommelt

Zeitgeistentdeckung Nr. 4:
Geschichtsbücher erzählen nur die halbe Wahrheit.

zum Karneval: „Zwei Apfelsinen im Haar und an der Hüfte Bananen trägt Rosita seit heut zu einem Kokosnusskleid" (*A banda*).

Das alles spielt nicht in Deutschland. Rosita wohnt in Mexiko. Und die Dänin Dorthe muss zum Flirten ins Großherzogtum. Die Bundesrepublik des Jahres 1968 kommt in der Schlagerwelt nicht vor. Sie war jener triste, trübe Zustand, den Revoluzzer wie Schlagersänger hinter sich lassen wollten. Die Schlagersänger hatten die besseren Lieder.

Zum Weiterlesen
Christian Pfarr: *Ein Festival im Kornfeld. Kleine deutsche Schlagergeschichte*

Der alte Mann und der Mord

Wie sich eine Gesellschaft in ihren Verbrechen wiedererkannte

Sieben Jahre lang, von 1969 bis 1976, brachte *Der Kommissar* die Wirklichkeit in bundesdeutsche Wohnstuben. Und Millionen von Zuschauern staunten, wie schrecklich die Realität sein konnte.

In einem Alter, da andere in Rente gehen, legte er los. Erik Ode war 57, als er in der Rolle des Kommissars Keller seinen ersten Fall löste. Dabei halfen ihm seine drei Assistenten Robert (Reinhard Glemnitz), Walter (Günther Schramm) und Harry (Fritz Wepper, der später zu Derrick wechselte), die als Lockvogel eingesetzte Helga (Emely Reuer) und eine bedingungslos ergebene Sekretärin namens Rehbein (Helma Seitz). Sieben Jahre später hatte Keller rund hundert Mörder in Handschellen gelegt und Millionen Zuschauer gefesselt.

Der Kommissar war niemals langweilig. In keiner seiner 97 Folgen. Er war aber auch nie aufregend im Sinne eines auf Action getrimmten Til Schweiger. Das Höchstmaß an Rasanz war dann erreicht, wenn Robert, im Stile eines Aushilfs-Jerry-Cotton, über Jägerzäune hüpfte. Das sah lustig aus.

Auch sonst gab es bei Keller & Co viel zu lachen: aus heutiger Sicht. *Der Kommissar* war nämlich mehr als nur ein einfaches Mörder-Suchspiel. Es war eine Zeitgeiststudie in einer Zeit, in der man Zeitgeist noch nicht kannte. Natürlich gab es in jeder Folge gleich zu Beginn den obligatorischen Mord. Doch dieser diente nur als Aufhänger, sich die bundesrepublikanische Gesellschaft mal ein wenig näher anzuschauen. Der Weg war das Ziel. Und deshalb führte jede Ermittlungstour auch immer über die Stationen Doppelmoral und Exzess. Wenn Keller und Team in Anzug und Schlips in

Zeitgeistentdeckung Nr. 14:
Einen besonderen Fernsehkrimi erkennt man daran, dass er nicht nur Verbrechensaufklärung betreibt, sondern auch Aufklärung.

Beatschuppen hinabstiegen, sollte das aufrütteln, betroffen machen

Heute wirkt es komisch, da hoffnungslos klischeeüberladen. Hippies vor Che-Guevara-Postern delirieren zu Krautrock. Robert, Walter und Harry schütten trinkfest Bier und Klare in sich rein. Und nur Keller, dem selbst in Augenblicken höchster Spannung nie die Kippenasche auf den Boden fiel, bleibt gelassen, ist durch nichts zu erschüttern, als wolle er sagen: „Jungs, ich habe Hitler, zwei Weltkriege und eine halbe Ewigkeit Verbrechensbekämpfung hinter mir. Da werden mich doch ein paar Junkies nicht aus dem Gleichgewicht bringen."

Keller ist der kettenrauchende Ruhepol in einer Welt des Umbruchs und Zerfalls. Eltern verstehen ihre Blagen nicht mehr, Neureiche spielen Caligula, Kleinbürger zittern vor Zuhältern. Es wimmelt von Neurotikern und Nervenärzten – und Junkies. Heute, 35 Jahre nach Christiane F., sind Rauschgiftopfer nur noch selten Stoff für Fernsehkrimis. Damals aber, als jene, die am Wirtschaftswunder mitgezimmert hatten, ansehen mussten, wie ihre Kinder auf die

schiefe Bahn gerieten, war *Der Kommissar* die Studie, die einer ratlosen Gesellschaft allmonatlich Erklärungen lieferte.

Und wie sie das tat! Da prallten Extreme aufeinander. Dialoge als Frontalzusammenstöße. *Der Kommissar* war der vielleicht letzte ernst zu nehmende Versuch des Fernsehens, in einer immer mehr zerfasernden Welt noch einmal klare Fronten zu schaffen. Nicht zufällig drehte man Schwarzweiß, obgleich es damals, 1969, Farbe bereits gab. Altersstarre Väter im Zweireiher schrien hilflos ihre Langhaarkinder an (sofern diese nicht bereits ermordet waren). Und auf einmal war alles sternenhimmelklar: Warum es nicht mehr klappte zwischen den Generationen. Warum den Autoritäten die Autorität zerrann.

Das bekamen auch Keller und Gefolge zu spüren. Sie

durften noch so sehr menscheln und wurden dennoch, vom Luden bis zum Sozialarbeiter, stets nur als Vertreter der Staatsmacht, also als Feinde, ausgemacht. Deshalb waren Harrys und Walters Versuche, sich an Jugend und Unterwelt ranzuschmeißen, auch selten von Erfolg gekrönt. Und nur Keller, da zu lebensklug, und Robert, da zu bieder, machten da nicht mit.

Überhaupt, Robert, der heimliche Held der Serie, chronisch unterschätzt: Wie er den immer etwas übereifrigen, nassforschen Hüter von Gesetz und Ordnung markierte – das hatte Witz und Klasse. Darum war es nur konsequent, dass mit dem Ende der Serie auch die Karriere des echten Robert, des Schauspielers Reinhard Glemnitz, zu Ende ging. Was hätte er sonst spielen können?

Es ging aber noch mehr zu Ende. Und das wiegt schwerer. Wer heute *Kommissar*-Folgen sieht, ahnt, was aus dem Neuen Deutschen Krimi hätte werden können. Was da in 60 Minuten an psychologisch entlarvenden Kameraschwenks und dramaturgisch auf den Punkt genauen Schnitten reingepackt wurde, steht in der Tradition von *Citizen Kane*. Großes Kino in bundesdeutschen Wohnstuben.

Das ist kein Zufall. Denn jene, die beim *Kommissar* Regie führten, waren Altmeister wie Wolfgang Staudte und Helmut Käutner oder Jungfüchse, die an die Macht der Bilder glaubten und mit entsprechendem Elan herangingen. Was auch für Schauspieler und Musiker galt. Stars wie Lilli Palmer, Will Quadflieg oder Curd Jürgens gaben Gastspiele. Talente wie Matthieu Carrière verdanken dem *Kommissar* den entscheidenden Karriereschub. Und eine Frau namens Daisy Door landete gar auf Platz 1 der deutschen Hitlisten, nachdem ihr Song *Du lebst in deiner Welt* – ursprünglich nur als musikalische Untermalung gedacht – einen Nachfrageboom auslöste.

So wurde *Der Kommissar* für alle Beteiligten eine Erfolgsstory, die ewig hätte weitergehen können. Tat sie aber nicht. 1976, im Jahr, als die zweite RAF-Generation im großen Stil Morde und Entführungen plante, war Schluss. Kommissar Keller als Terroristenjäger – das wäre dann doch zu viel des Zeitgeists gewesen.

Wir aber werden angesichts von Krimiklamauk (Münster-*Tatort*!) und weichgespültem Pseudo-Realismus wehmütig. Warum musste mit dem *Kommissar*, jener Serie, die uns so viel über dieses Land und ihre Menschen zu erzählen wusste, auch der deutsche Fernsehkrimi sterben?

Zum Weiterschauen
Der Kommissar (Komplettbox, 28 DVDs)

New Hollywood –
als Kommerz cool war

Die Traumfabrik produziert nur noch Massenware. Das war mal anders.

Die Zahl der Kinobesuche geht zurück. Kein Wunder bei Filmen, die das Werk von Marktforschern sind. Dass es auch anders geht, demonstrierte New Hollywood vor 40 Jahren. Ein Rückblick auf eine aufregende Zeit.

Veränderung beginnt mit Verzweiflung. Und die war groß im Hollywood der späten 60er. Das Publikum hatte sich sattgesehen an der Fließbandkost der großen Studios. Die bewährten Rezepte – leichte Alltagskomödien, opulente Western und überzuckerte Musicals – funktionierten nicht mehr. Wer die Bilder aus Vietnam sah, der mochte nicht mehr glauben, dass John Wayne die Sache schon richten würde. Schon gar nicht im eigenen Land, in dessen innerstädtischen Dschungeln es auch nicht viel friedlicher zuging als in denen Indochinas. Minderheiten muckten auf. Die Bürgerrechtsbewegung entdeckte die Straße; die Nationalgarde Tränengas und scharfe Munition. Revolution lag in der Luft.

Auch in den Schlafzimmern. Die hygienische Pyjama-Erotik einer Doris Day hatte ihren Reiz verloren, galt als verlogen – lieber Bettgestöhne als *Bettgeflüster*! Die „älteste Jungfrau der Welt" war zum Kassengift geworden.

So wie die anderen Biedermeier-Stars, die keiner mehr sehen mochte. Mit jedem Flop wuchs die Verzweiflung der Hollywoodbosse. Man brauchte eine neue Erfolgsformel. Dringend. Sofort. Und Regisseure wie Arthur Penn, Mike Nichols, Robert Altman, Peter Bogdanovich, Francis Ford Coppola und Martin Scorsese lieferten sie.

Ausgerechnet Regisseure! Ein Berufsstand, der bis dato (von Ausnahmen wie Hitchcock, John Ford und Billy Wilder abgesehen) als Erfüllungsgehilfe der Produzenten fungierte. Regisseure waren Aufseher, die dafür bezahlt wurden, die Stars in Schach zu halten, während sie das Drehbuch abarbeiteten. Das änderte sich nun. Mit einem Mal wurden Regisseure selber zu Stars. Sie drückten dem Film ihren Stempel auf, indem sie ein Amerika zeigten, wie man es nie zuvor im Kino gesehen hatte.

Ein Paradebeispiel hierfür ist William Friedkins *French Connection*, fünffacher Oscar-Gewinner 1971 und einer der Klassiker des New Hollywood. Friedkin präsentiert ein New York, in dem man nicht Urlaub machen möchte. Es ist dreckig, schäbig, heruntergekommen. Doch noch schmutziger sind die Menschen, die dort leben. Sie sind von Gier, Lust und Rache getrieben. Und wir reden hier nicht von den Bösen, sondern von den Guten, die auf der Jagd nach den Bösen diesen immer ähnlicher werden. Gene Hackman spielt den „Bad Cop", dem bei der Verbrechensbekämpfung jedes Mittel recht ist und der am Ende dennoch miterleben muss, wie die Gejagten davonkommen.

Denn ein Happyend – die Bösen wandern ins Gefängnis, die Liebe triumphiert – ist im New Hollywood nicht vorgesehen. Die meisten Werke enden auf einer traurigen oder tristen Note. In Martin Scorseses Erstling *Wer klopft denn da an meine Tür* vergrault Harvey Keitel seine große Liebe, in Bob Rafelsons *Ein Mann sucht sich selbst* lässt Jack Nicholson seine schwangere Freundin sitzen, und in John Schlesingers *Asphalt-Cowboy* geht Dustin Hoffman vor die Hunde. Dem Erfolg tat dies keinen Abbruch. Der Neorealismus jener Jahre traf den Zeitgeist punktgenau. Bis zwei New-Hollywood-Regisseure etwas Neues ausprobierten: Statt realer Menschen übernahmen weiße Haie und Jedi-Ritter die Hauptrolle. Aber das ist eine andere Geschichte, die des Blockbusters.

> **Zeitgeistentdeckung Nr. 5:**
> *Der Preis der Spaßgesellschaft: Wer heute ins Kino geht, erfährt nichts mehr über die dunklen Seiten jener Welt, in der wir leben. Kein Wunder, dass wir an böse Märchen wie Pretty Woman glauben.*

Zum Weiterschauen – 5 Klassiker des New Hollywood
1969: *Easy Rider*
1971: *Die letzte Vorstellung*
1972: *Harold & Maude*
1975: *Nashville*
1976: *Taxi Driver*

Zum Weiterlesen
Peter Biskind: *Easy Riders, Raging Bulls. Wie die Sex, Drugs & Rock 'n' Roll-Generation Hollywood rettete*

Sehnsucht nach Jancker

Auch Rumpelfüßler haben Charme – der schöne schlechte deutsche Fußball

Der deutsche Fußball gefällt mittlerweile jedem, sogar den Brasilianern. Das war mal anders. Ein Rückblick auf schöne triste Jahre.

Nein, früher war nicht alles besser. Im Gegenteil. Ich sage nur: Horst-Dieter Höttges, Berti Vogts, Bernhard Dietz, die Förster-Brüder, Jürgen Kohler, Christian Wörns – die Ahnenreihe des Fußball-Malochertums. Männer mit eisernem Willen und noch härteren Füßen. Emsig, rechtschaffen und unerträglich anzusehen.

Und dennoch: Für einen echten Fan gab es keine Alternative. So wie ein Hungernder für jeden Krumen Brot dankbar ist, berauschte man sich am Elfmeterschießen des Halbfinales 1982 gegen Frankreich und vergaß darüber das elende Gegurke in den Spielen zuvor, sogar den Nichtangriffspakt im Vorrundenmatch gegen Österreich.

WM bedeutete für einen deutschen Fußballfan: auf magische Momente hoffen und dafür bereit sein, Stunden des Stumpfsinns durchzustehen. Dabei spielte es keine Rolle, ob die Deutschen sich ins Endspiel wurschtelten oder nicht. Gruselig war es so oder so. Ob 1982, 1986 oder 2002, der Weg ins Finale war stets mit Leiden verbunden – für den Zuschauer, der lustlose Gruppenspiele, komatöse Achtelfinals und ermüdende Viertelfinals erdulden musste. Selbst im Weltmeisterjahr 1990 hieß der wichtigste deutsche Spieler „Dusel" und verhalf Beckenbauers Elf zu glücklichen K.-o.-Siegen gegen die Tschechoslowakei und England.

Dass vor allem Frauen diese Art des „Entertainments" mieden, war nur allzu verständlich. Dann lieber Kreuzworträtsel oder Gardinenwaschen. Fußball war kein Vergnügen. Wenigstens nicht in Deutschland. Es war harte Arbeit. Was nicht passte, wurde passend gemacht. Das Zaubern überließ man den anderen, die in der Regel „tragisch", „unglücklich" und „unverdient" ausschieden.

Zeitgeistentdeckung Nr. 6:
Der Preis der Spaßgesellschaft: Selbst der Fußball ist zu schön geworden. Er macht es einem viel zu leicht, verlangt keine Opfer mehr.

Bis Klinsmann und Löw kamen. Seit ihrem Amtsantritt im Sommer 2004 wird auch in Deutschland Fußball GE-SPIELT. Das ist hübsch anzuschauen. Ein wenig Fantasie genügt – man stellt sich einfach vor, die Trikots wären gelb statt weiß –, und schon hat man die Illusion, Brasilien wirbelte auf dem Feld. Ende gut, alles gut.

Oder auch nicht. Denn der alte deutsche Fußball verlangte Demut und Unterwerfung. Man legte sein Schicksal in die Hände (= Füße) von Menschen, die damit offenkundig überfordert waren. Das eigene Seelenheil von der Ballbehandlung eines Horst Hrubesch, Jens Jeremies oder Carsten Jancker abhängig zu machen, setzte ein quasi-religiöses Vertrauen voraus. Selbst Atheisten entdeckten die Kraft des Stoßgebets („Oh Gott!", „Herr im Himmel!", „Jesses Maria!"), wenn das störrische Leder sich wieder mal den Zähmungsversuchen deutscher Fußarbeiter widersetzte. Wie schafften es die Spieler anderer Mannschaften

bloß, den Ball anzunehmen, ohne dass dieser drei Meter versprang?

Doch dann geschah tatsächlich das Wunder: Der Fußballgott hatte ein Einsehen und belohnte all jene, die immer wieder ausgeharrt hatten, mit magischen Momenten. Dann setzte Klaus Fischer zum Fallrückzieher an, oder

Guido „Diego" Buchwald entdeckte den Maradona in sich und schlug die Flanke seines Lebens. Ehe im nächsten Spiel das Martyrium von vorn begann und wieder Demut verlangt war.

Der neue deutsche Fußball verlangt gar nichts. Er ist wie 90 Minuten Popcorn-Kino: beste Action, klasse Spezialeffekte, und am Ende triumphieren meist die Guten. So was gefällt selbst Leuten, die zwischen WM und EM nie auf die Idee kämen, sich ein Spiel anzuschauen. Fußball ist in der Spaßgesellschaft angekommen, mit der Weltmeisterschaft als ihre Loveparade – wir schalten rüber zum Public Viewing.

Zum Weiterschauen
Die Fussball-WM Klassikersammlung, Nr. 23: Viertelfinale 1986, Deutschland - Mexiko 4:1 n. E. Das Spiel in voller Länge. (Herausgeber: Bild am Sonntag)

Der Star – ein armes Würstchen

Wie Bunte, Gala & Co. den Starkult ruinieren

Das Zeitalter der Stars ist vorbei. Daran tragen jene Schuld, die deren Privatleben rund um die Uhr ausleuchten.

Archibald Alexander Leach war ein Scheusal ersten Ranges. Exfrauen, die sich wegen seelischer Grausamkeit von ihm scheiden ließen, gaben vor Gericht zu Protokoll, er habe sie geschlagen, neige zur Tobsucht, trinke zu viel und sei meist mürrisch und missmutig. Dieser rundum unsympathische Herr Leach hatte wenig gemein mit dem sanftmütigen Gentleman Cary Grant. Und doch waren beide dieselbe Person. Nur bekam die Öffentlichkeit von der unschönen Seite ihres Stars praktisch nichts mit. Wenn Cary Grant selbstironisch anmerkte, „Jeder will Cary Grant sein, sogar ich", steckte dahinter die Einsicht, dass sein Image alles überdeckte. Wen interessierte die Wirklichkeit, wenn das Abbild derart attraktiv war!

Heute wäre eine solche Fassadenmalerei undenkbar. Seitdem eine ganze Industrie davon lebt, die Intimsphäre von Stars öffentlich zu machen, ist Mythenbildung unmöglich geworden. Das freut *Bunte* und *Gala*, *Exklusiv* und *Brisant* – und ärgert Kinogänger und Musikhörer. Denn Populärkultur lebt von der Illusion, in eine andere Welt einzutauchen. Wenn Robert De Niro den Abstieg eines Boxers glaubhaft darzustellen vermochte, dann lag dies nicht nur an seiner Schauspielkunst. Das Ganze funktionierte

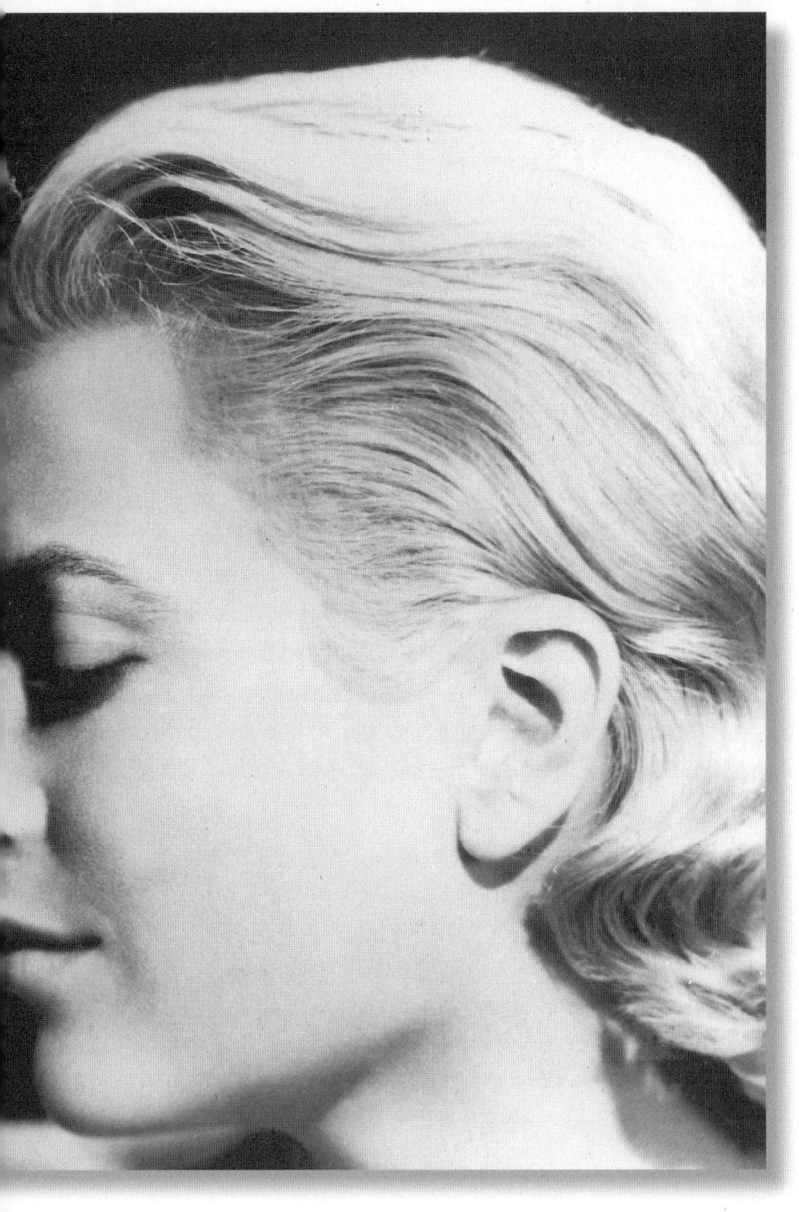

auch deshalb, weil über sein Privatleben nur wenig bekannt war. Der Zuschauer ging unvorbelastet ins Kino; er war bereit zu akzeptieren, dass De Niro ein gestörter Taxifahrer, ein erfolgloser Komiker oder der Leibhaftige persönlich sein konnte. Stars wie De Niro waren leere Flächen, auf die man alles projizieren konnte.

Zeitgeistentdeckung Nr. 7:
Der Preis der Informationsgesellschaft: Wir wissen alles über unsere Stars. Aber wollen wir wirklich alles wissen?

Davon können heutige Stars nur träumen. Angelina Jolie war mal eine unbekannte Schauspielerin, die für *Durchgeknallt* einen Oscar gewann. Und sie war die Frau, die aus der Computerspielfigur Lara Croft einen weiblichen Indiana Jones machte. Heute ist Angelina Jolie nur noch Teil von „Brangelina" und ein Kinderjunkie, dessen Adoptionssucht ziemlich durchgeknallt wirkt. Auch Brad Pitt, der andere Teil von „Brangelina", wird weniger als seriöser Schauspieler denn als Darsteller einer Dokusoap wahrgenommen, in der Jennifer Aniston – überzeugend schmollend – den Part der Sitzengelassenen verkörpert.

Was für die Filmbranche gilt, trifft auch auf die Musikbranche zu. Der Weg in die Schlagzeilen führt über die Klatschpresse. Was die Medien interessiert, sind nicht kreative Höhenflüge, sondern private Abstürze. Manchmal reichen auch Gerüchte, um einen Künstler zu erledigen. Doch die Opfer sind nicht nur die Stars, die plötzlich als Sonderling oder Charakterschwein dastehen, sondern auch wir, die Zuhörer und Zuschauer. Wer einmal – den Paparazzi sei Dank – Einblicke in Michael Jacksons Never-

land-Ranch erhalten hatte, konnte danach nicht mehr un-
befangen *Thriller* hören.

Und dass *The Tourist*, der erste Hollywoodfilm von Flo-
rian Henckel von Donnersmarck, am ersten Wochenende
nur rund 200.000 Besucher anlockte, liegt auch an Angelina Jolie. Wir wissen zu viel über ihr Leben, als dass wir
ihr die Filmrollen noch glauben würden. Die Illusionsma-
schine funktioniert nicht mehr. Das Wesen auf der Leinwand, das ist keine geheimnisvolle Agentin, sondern die
Frau, die demnächst Brad Pitt heiratet. Nachzulesen in
Bunte.

Zu viel Blut – wie Vampire unser Hirn leersaugen

Warum wir den falschen Geschichten lauschen

Immer wieder Platz 1 für die *Bis(s)*-Romane von Stephenie Meyer. Und doch irgendwie seltsam: Wir wissen alles über Vampire und Werwölfe, aber kommen ins Schleudern, wenn wir unsere Familiengeschichte erzählen sollen.

Früher, als die Welt noch klar und überschaubar war, gab es nur zwei Arten von Lektüre: solche für Kinder und solche für Erwachsene. Kinderliteratur handelte von kleinen wunderlichen Männern, die auf Dächern lebten und fliegen konnten, und von freundlichen Gespenstern, die harmlosen Schabernack trieben. In der Ü18-Literatur hingegen war kein Platz für Fantasiewesen mit übersinnlichen Fähigkeiten. Ob Böll oder Konsalik, stets wurden Menschen aus Fleisch und Blut in Gefühle verwickelt und in Schuld verstrickt. Es war keine besonders angenehme Welt, die dort beschrieben wurde, und dennoch wäre es einem Erwachsenen nie in den Sinn gekommen, nach Feierabend – wenn der Nachwuchs im Bett lag – zu den gesammelten Werken Astrid Lindgrens oder Otfried Preußlers zu greifen. Die Kindheit war vorbei, und damit hatte es sich!

Das änderte sich 1999 mit den *13 ½ Leben des Käpt'n Blaubär* von Walter Moers. Die Figur einer Kindersendung

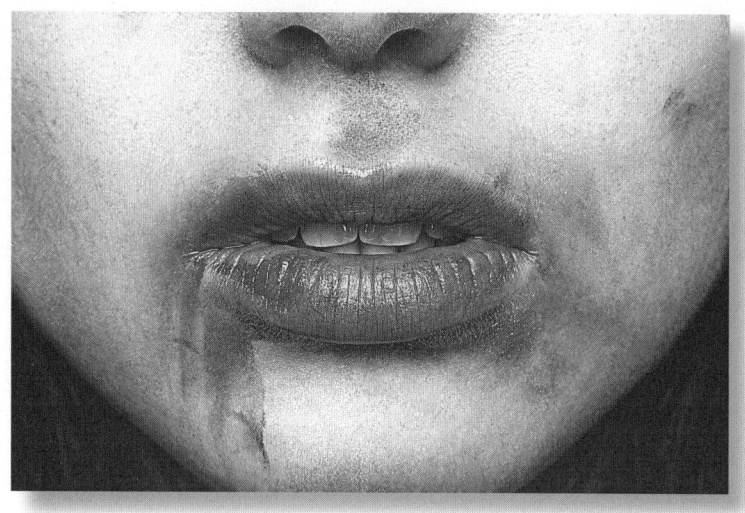

fand sich plötzlich in einem 700-Seiten-Roman wieder, der vor allem Erwachsene begeisterte. Etwa zur gleichen Zeit machte sich ein Jugendlicher namens Harry Potter von England aus auf den Weg, die Welt zu verzaubern. Seine literarische Mutter Joanne K. Rowling kam schon bald mit dem Schreiben nicht mehr hinterher. Erst nach sieben dicken Bänden konnte Harry das Zauberinternat Hogwarts guten Gewissens verlassen. Und auch Moers brachte es (bisher) auf immerhin fünf Schwarten, deren geografisches Zentrum ein Fantasie-Kontinent ist. Um genau zu sein: ein Fantasy-Kontinent.

Nun ist Fantasy kein neues Genre. Jahrzehntelang führte es eine solide Nischenexistenz. Mehr aber auch nicht. Erst seit den späten 90ern hat sich Fantasy zum Massenphänomen entwickelt. Ein Ende ist nicht in Sicht. Die Lücke, die

Rowlands Harry Potter hinterließ, wurde umgehend von Stephenie Meyers Vampiren gefüllt. Dass *Bis(s) zum Morgengrauen* von der amerikanischen Fachzeitschrift *Publishers Weekly* zu einem der besten Kinderbücher des Jahres gekürt wurde, hielt Millionen von Erwachsenen

Zeitgeistentdeckung Nr. 8:
Der Preis der Verdrängung:
Erwachsene lesen Kinderbücher
und werden immer infantiler.

nicht davon ab, das Buch für sich selbst zu kaufen. Auch diesmal blieb es nicht bei einem Band – der Süchtige braucht stetig neuen Stoff.

Mittlerweile dürften Heerscharen von 20- bis 40-Jährigen zu Experten in Vampirologie und Dämonologie geworden sein. Doch dieselben Menschen, die im Detail den Lebenslauf von Harry Potter und die Liebesgeschichte von Bella und Edward runterbeten können, werden erstaunlich wortkarg, wenn es um die eigene Familienbiografie geht. „Oral History", die mündliche Weitergabe von Alltagsgeschichte, die in anderen Kulturen selbstverständlich ist, findet in Deutschland schon lang nicht mehr statt.

Das begann mit den Urgroßeltern. Diese hatten sich in den Jahren 1933 bis 1945 nicht grad mit Ruhm bekleckert und zogen es daher vor, in der Nachkriegszeit dezent zu schweigen. Doch auch der Wirtschaftswunder-Generation stand nicht der Sinn nach Reden – vielleicht, weil sie sich sonst hätte eingestehen müssen, dass vor lauter Überstunden alles andere auf der Strecke blieb: die Ehe, die Familie, die Freunde. Und die 68er und ihre jüngeren Geschwister aus der Anti-AKW- und Friedensbewegung? Sie hätten viel zu erzählen. Doch die wirklich spannende Geschichte – warum sie alles anders und besser machen wollten und genau das Spießerleben, das sie einst bekämpften, heute selbst führen, quasi dasselbe in Grün – wird man von ihnen nicht zu hören bekommen.

Die Unfähigkeit, offen und selbstkritisch über das eigene Leben zu sprechen, bleibt nicht folgenlos. Denn den Kindern dieser verschwiegenen Eltern, Großeltern und Urgroßeltern wird die vielleicht wichtigste Information vorenthalten: Was es bedeutet, erwachsen zu sein. Warum man sich von Träumen und Hoffnungen verabschiedet hat und Kompromisse eingegangen ist, immer wieder. Keine schönen Geschichten. Aber Geschichten, die es der nachwachsenden Generation leichter machen könnten, selbst erwachsen zu werden. Ohne Illusionen, ohne Selbstbetrug und bitte ohne Harry Potter und Bella.

Zum Weiterlesen
Gerhard Henschel: *Die Liebenden*

Wann ist ein Mann ein Maaahann?
Und wie ist es um die moderne Frau bestellt?

James Bond ist tot

Wie der Zeitgeist ein Idol erledigte

Den aktuellen Bond-Darsteller Daniel Craig verbindet mehr mit Herbert Grönemeyer als mit Sean Connery. Genau das ist sein Problem.

Wann ist ein Mann ein Mann? An der Definition, was „männlich" sei, haben sich Selbsterfahrungsgruppen, Psychoratgeber, Frauenzeitschriften und Grönemeyer erfolglos abgearbeitet. Dabei ist die Sache ganz einfach, zumindest für das Gros der Männer. Männlich sein heißt, all die Dinge zu tun, die man als Kind schon gern tat (raufen, rumtoben, Rabatz machen), und außerdem noch Sex zu haben.

Womit wir bei James Bond wären, dem Mann, der über Jahrzehnte hinweg Männlichkeit definierte. Der ungestraft raufte, rumtobte und Rabatz machte – und jede Frau herumbekam. Frau? Es muss natürlich „Gespielin" heißen. Denn der Umgang mit dem anderen Geschlecht bedeutete für Bond nie Beziehung – also Ernst, tiefe Gespräche, seelischer Beistand –, sondern immer nur Spiel. Und das fand mit dem Morgengrauen sein abruptes Ende, weil dann für Bond wieder Raufen angesagt war.

Was die Gespielinnen nicht weiter störte. Von einer Honey Rider, Pussy Galore, Kissy Suzuki oder Mary Goodnight war kein Klammern und Jammern zu erwarten. Hier bürgte schon der Name für Unverbindlichkeit, für Spiel ohne Grenzen und Spaß ohne Folgen.

Und wenn eine Frau doch mal aufbegehrte, es wagte, eine eigene Meinung kundzutun, stellte Bond per Backpfeife die Machtverhältnisse klar. Noch in den vermeintlich so fortschrittlichen 70ern rutschte ihm die Hand aus, sobald das Weib nicht spurte. Ob Sean Connery (*Diamantenfieber*, 1971) oder Roger Moore (*Der Mann mit dem goldenen Colt*, 1974), die Ohrfeige war eine

Zeitgeistentdeckung Nr. 9:
Es ist schlecht bestellt um den Mann an sich. James-Bond-Filme dokumentieren, wie es mit dem starken Geschlecht immer mehr den Bach runterging.

legitime Disziplinierungsmaßnahme. Das sah das überwiegend männliche Publikum ähnlich. Vielleicht weil es in den Beziehungen der meisten Zuschauer nicht viel anders zuging. Was heute als häusliche Gewalt gilt, war damals Alltag.

Doch die Gesellschaft änderte sich. Da Bond stets deren Spiegelbild war, musste auch er sich ändern. Auf dem Höhepunkt der Aidsangst wurde er monogam (*Der Hauch des Todes*, 1987). Und schließlich wurde er gar kleinlaut, wenn eine Frau ihn in die Schranken wies. Was hätte er auch anderes tun sollen, wenn diese Frau seit *Goldeneye* (1995) seine Vorgesetzte war!

Wenigstens raufen darf er weiterhin – auch das weibliche Publikum mag Action –, aber an fröhliche Bettkämpfe ist seit *Casino Royale* (2006) mit Daniel Craig nicht mehr zu denken. Mit ihm wurde Bond zum Individuum mit Gefühlen. Zum Grönemeyer-Mann, der emotional verwundet wurde und sein Verlusttrauma zu überwinden sucht. Bloß: So verhält sich kein Idol. So verhält sich ein typischer

Mann, der plötzlich allein dasteht und derart liebeskummerkrank wird, dass er das Bond-Girl nicht mal anrührt.

Und vielleicht liegt darin der wahre Grund, warum die Produktion von *Skyfall* so lange auf Eis lag. Es ist nicht nötig, auf der Leinwand einen Geschlechtsgenossen zu sehen, der weh- und selbstmitleidig herumirrt. Da genügt ein Blick in den Spiegel.

Madonna altert nicht

Das Dilemma der modernen Frau

Mit *Everybody* begann 1982 eine der größten Karrieren der Musikgeschichte. 60 Hits später sei die Frage erlaubt: Was können wir von Madonna noch erwarten?

Als sie sich das erste Mal auszog, 1979, war es Verzweiflung. Sie war jung und brauchte das Geld. So billig sollte nie wieder jemand an Aktaufnahmen von Madonna gelangen. Als sie sich das zweite Mal auszog, 1984, war es Berechnung. Für das LP-Cover von *Like A Virgin* hatte sie sich lustvoll herausgeputzt, aber der Blick machte klar: „Der Körper mag mein Kapital sein, doch den Preis bestimme ich." Und in der Single *Material Girl* fügte sie hinzu: „Der Richtige ist immer der mit der Kohle" („The boy with the cold hard cash is always Mr. Right"). Als sie sich das dritte Mal auszog, 1992, war es Befreiung. Die erotischen Fantasien in ihrem Bildband *Sex* wurden damals als allzu gewollte Provokation missverstanden (immerhin: in Japan verbot man das Buch), dabei praktizierte Madonna nur das, was sie stets in ihrer Karriere getan hatte: eine Fassette ihrer Persönlichkeit zu zeigen.

Bis Madonna kam, waren Stars eindimensionale Wesen, deren Image nicht mehr verändert werden durfte, sobald es einmal festgelegt worden war. Der 62-jährige Multimillionär Bruce Springsteen wird auf ewig der einfache ehrliche Junge aus der Arbeiterklasse bleiben. Madonna aber zeigte mit jedem neuem Album: „Das bin ich außerdem." Also

kamen hinter dem berechnenden „Material Girl" ständig neue Persönlichkeiten zum Vorschein. Mal wurde sie zur naiven Tochter, die beim Vater Hilfe sucht (*Papa Don't Preach*), mal zur beseelten Katholikin, die die körperliche Liebe als Heilige Messe zelebriert (*Like A Prayer*), mal zum unglücklichen *Bad Girl*, das seinen Herzschmerz mit Affären und Alkohol betäubt, und immer wieder zur Verfechterin einer unverklemmten Sexualität.

Die Angriffe des prüden Amerikas auf Ihren erotischen Bildband konterte sie mit dem Song *Human Nature*: „Es ist euer Problem, nicht meins" („You're the one with the problem"). Gleich ein Dutzend Mal wiederholt sie darin die Zeile „Geh aus dir raus, tu dir keinen Zwang an" („Express yourself, don't repress yourself"). Spätestens da begreift man, dass Madonna sich als Aufklärerin versteht. Das Recht auf Selbstverwirklichung, das sie sich stets genommen hat, fordert sie für alle ein. So wird sie zum Vorbild der Ängstlichen und Schüchternen. Madonna zeigt, was möglich ist, wenn Mann oder Frau sich nur traut.

Das funktionierte bis Anfang der 00er Jahre. *Music* darf als das coolste Video gelten, das eine Schwangere je gedreht hat. Selbst jetzt, als zweifache Mutter, wirkte sie lässiger als alle Popsternchen zusammen. Und dann erwischte es sie doch. Zum ersten Mal in ihrer Musikkarriere verhob sie sich an einer Rolle. Auf *American Life* (2003) markierte sie nicht nur optisch den Che Guevara. Sie, die mittlerweile in England lebte, probierte sich in Gesellschaftskritik an ihrer Heimat USA. Dass Madonna die hohle, oberflächliche Promikultur beklagte, nahmen ihr viele allerdings nicht ab – Album und Singleauskopplungen floppten.

Danach ging sie auf Nummer sicher. *Confessions On A Dance Floor*, *Hard Candy* und *MDNA* sind solide Tanzalben auf der Höhe der Zeit. Natürlich finden sich auch dort genug Verweise auf ihr Leben, wie *Miles Away*, ein Abgesang auf ihre Ehe mit Guy Ritchie. Doch etwas Entscheidendes fehlt. Madonna wird im Sommer 54. Man wüsste gerne, wie sie damit umgeht. Noch mehr Fitnesseinheiten? Doch wieder Botox? Gar OPs? Oder einfach nur Gelassenheit? Sie, die in Sachen Sexualität über Jahre hinweg Volksaufklärung betrieb, hüllt sich zum Thema Jugendwahn in Schweigen. Vielleicht weil sie selbst dessen Opfer ist. Oder weil sie ratlos ist. Noch immer kann Madonna jede Erscheinungsform des Girls glaubhaft verkörpern, doch die Rolle der reifen Frau – wie soll das gehen?

Zeitgeistentdeckung Nr. 10:
Es ist schlecht bestellt um die Frau an sich. Madonna dokumentiert, was mit Frauen passiert, denen ihr Rollenbild abhanden kommt.

Burt Reynolds, nackt

Der moderne Mann in der Schönheitsfalle

Es war ein Tabubruch, als Burt Reynolds sich 1972 für eine Frauenzeitschrift entkleidete. Dass es auch 2013 ein Tabubruch wäre, liegt an Reynolds Körper, der so gar nicht dem heutigen Schönheitsideal entspricht.

Es sind nicht nur die Äußerlichkeiten. Das Brustfell, das heute der Heckenschere zum Opfer fiele. Der Schnauzbart, den mittlerweile nur noch Männer tragen, die die letzten 20 Jahre gedanklich verpasst haben. Nein, es ist die ganze Ausstrahlung. Sein Blick und seine Körperhaltung geben klar zu verstehen: „Ich bin die Krone der Schöpfung."

Ein seltsames Selbstbild. Schon 1972, als Burt Reynolds sich für die amerikanische Frauenzeitschrift *Cosmopolitan* auszog, gehörte er nicht zur A-Liga der Schauspieler. Neben den „Kings of Cool" – Steve McQueen und Clint Eastwood – wirkte Reynolds wie ein Höhlenmensch. Und das sozialkritische New Hollywood, das Verwandlungskünstler wie Dustin Hoffman oder Robert De Niro nach oben brachte, hatte erst recht keine Verwendung für diesen stereotypen Macho.

Und dennoch wusste Reynolds nicht nur brünstige Cosmopolitan-Leserinnen auf seiner Seite, sondern auch seine Geschlechtsgenossen. Man muss sich vorstellen, 85 Prozent aller Männer waren in dem Jahr, in dem Reynolds sich nackig machte, mit ihrem Aussehen zufrieden. Man mag sich nicht vorstellen, wie viele Schmerbäuche, Hänge-

Aus rechtlichen Gründen kann das legendäre Burt-Reynolds-Foto
leider nicht veröffentlicht werden. Auch übernehmen wir keine Ver-

antwortung für die Ergebnisse der Google-Bildersuche, nachdem man die Begriffe „Burt Reynolds" + „Cosmopolitan" eingegeben hat.

hintern und Gesichtsbaracken darunter waren. Das Wort „Selbstzweifel" existierte nicht im Sprachschatz traditioneller Mannsbilder. In 6.000 Jahren Patriarchat hatten sich Burts Vorfahren einen Schutzpanzer zugelegt, an dem jede Kritik abprallte, vor allem von weiblicher Seite. Wenn eine Frau es wagte, die maskuline Perfektion in Frage zu stellen, hatte sie „wahrscheinlich ihre Tage" oder war eine „doofe Emanze".

Doch die „doofen Emanzen" und einige aufgeklärte männliche Exemplare schafften es, binnen weniger Jahre den Durchschnittsmann so zu verunsichern, dass er Grönemeyers Frage „Wann ist ein Mann ein Mann?" nicht mehr beantworten konnte. Das Selbstbewusstsein der Testosteronbolzen hatte einen Knacks erlitten.

Den Rest erledigte die Schönheits- und Fitnessindustrie. Im Bemühen, ihre Produkte und Dienstleistungen an den Mann zu bringen, untergrub sie systematisch dessen Selbstwertgefühl. Vorbei sind die Zeiten, da männliche Körperpflege sich auf die Wahl des Rasierwassers beschränkte. Längst sind die Kosmetikabteilungen für Männer fast so groß wie die für Frauen. Den Schönheitsterror, den Mädels seit jeher kennen – selbst Supermodels hadern mit ihren „Schwachstellen" –, erleben nun auch die Kerle. Laut einer englischen Studie sind drei von vier Männern mit ihrem Körper unzufrieden; nur jeder 25ste findet sich sehr attraktiv. Der Adonis-Komplex – das Gefühl „ein Hemd" zu sein und die damit einhergehende Sucht nach Muskeln – ist mittlerweile eine weit verbreitete narzisstische Störung. Kein Wunder, wenn selbst Zeitschriften wie *GQ*, die sich an männliche Entscheider und Alphatiere richten, sich nicht entblöden, ihren Lesern Bauch-weg-Unterwäsche zu empfehlen. Spätestens dann lernt man den Burt Reynolds des Jahres 1972 wertschätzen. Ein Mensch, der nie einen Epilierer anrührte, der nie den kleinen Bierbauch in ein Six-pack verwandelte und der dennoch hochzufrieden in die Kamera grient. Ein Mann, des-

Zeitgeistentdeckung Nr. 11:
Die Emanzipation ist gescheitert.
Weil sie erfolgreich war.

sen souveränes Körperverständnis zum Vorbild für die Frauenwelt hätte werden können. Stattdessen haben die Männer sich die Schönheits-Neurosen der Frauen zu eigen gemacht. Wie soll man diesen verhängnisvollen Vorgang bezeichnen? Negative Emanzipation? Gleichberechtigung im Schlechten? Burt, komm zurück! Wir brauchen dich!

Der schwangere Mann – ein Trauerfall

Auch das noch: Die Comedy nimmt sich einer verstörten Spezies an

Überall in Deutschland wird das Comedystück *Hi Dad!* aufgeführt. Zielscheibe der Komik ist der Vater werdende Mann. Muss man dies lustig finden?

Männer wissen nichts über Frauen. Das zeigt sich bereits in der Pubertät. Die Schüchternheit des männlichen Heranwachsenden ist Symptom dafür, dass er nicht die geringste Ahnung hat, wie er sich seinem weiblichen Gegenstück nähern soll. Mit der ersten Freundin wird es besser. Nach und nach eignet er sich die Regeln der Verständigung an. Die Kommunikation mit einer Frau ist für ihn wie das Erlernen einer Fremdsprache. Wenn er darin begabt ist, beherrscht er das weibliche Vokabular bald fließend. Er wird „verhandlungssicher", und es fällt ihm leicht, auch bei anderen Frauen die richtigen Worte zu finden. Doch es wird nie seine Muttersprache sein. Dies wird ihm bewusst, sobald aus seiner Frau eine Mutter wird.

Natürlich könnte er die Schwangerschaft komplett ignorieren – das haben seine männlichen Vorfahren seit der Einführung des Patriarchats vor 6.000 Jahren schließlich auch getan. Doch er ist – das sagen ihm seine Leib-und-Magen-Zeitschriften *GQ*, *Men's Health* und *FHM* – ein „neuer Mann". Also hat er sich gefälligst auch für die neun Monate vor der Geburt seines Stammhalters zu interessieren. Er wird zum Frauenarzt mitgehen, einen Geburtsvorbereitungskurs besuchen und sich irgendwann wundern, dass ihm seine Frau immer fremder wird. Er wird zum Opfer dessen, was man „zu viel Information" nennt. Bis zur Schwangerschaft war Sex für den Mann eine Betätigung, die einfach Spaß machte.

Zeitgeistentdeckung Nr. 12:
Früher wurden nur die Frauen schwanger, heute auch die Männer. Doch diese Co-Schwangerschaft ist hochgefährlich für die Beziehung.

Die primären und sekundären Geschlechtsmerkmale der Frau nahm er als Reize wahr, die seiner Lust förderlich waren – nicht als Organe, die der Fortpflanzung und Aufzucht dienen. Doch plötzlich führen ihm Frauenarzt und Hebamme drastisch vor Augen, dass die Vagina als Geburtskanal und die Brüste als Milchdepot genutzt werden können. Aus abstraktem Schulwissen, das er erfolgreich verdrängt hatte, werden konkrete Bilder, die mit romantisch-verkitschten Vorstellungen vom „Wunder der Geburt" nichts zu tun haben. Spätestens beim Thema Damm- oder gar Scheidenriss wähnt er sich im falschen, da viel zu blutigen Film.

Natürlich wird er sich dies nicht eingestehen, und schon gar nicht anderen. Seinen Freunden wird er voller Stolz Ultraschallbilder zeigen und vom joggingtauglichen Hightech-Kinderwagen mit Alufelgen vorschwärmen. Doch in seinem Innern ist er zutiefst verunsichert. Ein Schatten seiner selbst, der nicht vermag, seine Verstörung in Worte zu fassen.

Daher hat er es auch nicht verdient, dass andere sich über ihn lustig machen. Zum Beispiel Michael Mittermeier, der in seinem Programm *Achtung Baby* nicht nur über „Eso-Hebammen" herzieht, sondern auch die Hilflosigkeit des werdenden Vaters mitleidslos vorführt. Esther Schweins widmet dieser verwirrten Spezies gar ein eigenes Theaterstück. In dem von ihr verfassten Bühnenmonolog *Hi Dad* „wird auf urkomische Weise die ganze Bandbreite des Vaterwerdens, mit allen natürlichen Katastrophen, Ängsten, Flüchen, aber auch den stillen emotionalen Momenten beschrieben." So der Pressetext. Das klingt überzeugend und ist grundfalsch. Denn „urkomisch" ist für den co-schwangeren Mann rein gar nichts. Er hat seine Identität verloren und kann nur hoffen, sie nach der Geburt – als Vater – wiederzufinden.

Frauen zum Abgewöhnen

Warum Männer *Sex and the City* meiden sollten

Männer verstehen Frauen einfach nicht (Folge 2763). Bestes Beispiel: *Sex and the City*. Für Frauen sind Carrie & Co leuchtende Vorbilder. Identifikationsfiguren, deren Freuden und Nöte, Hoffnungen und Ängste ihnen allzu bekannt vorkommen. Die Romantikerin darf sich in Charlotte wiedererkennen, die Zynikerin in Miranda, die Leichtlebige in Samantha und die Emotionale in Carrie. Und alle Zuschauerinnen dürfen sich am exquisiten Mode- und Schuhgeschmack der Protagonistinnen erfreuen.

Aus der Sicht eines Mannes sieht die Sache komplett anders aus. Für ihn ist jede der Akteurinnen auf ihre Art ein Alptraum. Charlotte zappelt herum wie eine brünette Barbiepuppe. Miranda ist so locker wie ein eingeklemmter Ischiasnerv und so warmherzig wie ein 3-Sterne-Eisfach. Samantha urteilt gnadenloser als ein Punktrichter beim Eiskunstlauf (vor allem, wenn es um die sexuellen Fähigkeiten ihrer Liebhaber geht – ganz heikles Thema). Und Carrie? Ihre Gefühle (= Neurosen) und ihr impulsives Handeln (= Hysterie) würden selbst abgebrühte Kerle in den Wahnsinn treiben. Ja, so ungefähr denkt ein Mann über die Heldinnen von *Sex and the City* bzw. so würde er denken, wenn er die Filme oder die Serie jemals zu Gesicht

Zeitgeistentdeckung Nr. 13:
Männer sollten nicht versuchen, moderne Frauen zu verstehen. Es könnte ihre Beziehung ruinieren.

bekäme. Tut er aber nicht – und das ist auch gut so! Sonst käme er ins Grübeln. Er würde sich fragen: „Warum mag meine Partnerin diese Frauen? Was sagt es über sie aus, wenn sie sich mit Carrie identifiziert? Ist sie am Ende genauso?" Und dann bekäme er es mit der Angst zu tun. Und Männer, die Angst haben ... aber das ist ein anderes Thema.

Gute Unterhaltung? Womit wir uns die Zeit vertreiben

DISCO ohne Disco – Fernsehen in den Zeiten vor MTV

Ilja Richter kehrt zurück – ist das eine gute Nachricht?

Und plötzlich ist Ilja Richter wieder da. „40 Jahre DISCO – Die Jubiläumstour" bescherte ihm volle Hallen. Doch worin lag eigentlich das Faszinierende dieser Musiksendung?

Nein, in Würde altern sieht anders aus: Die Plakate zu „40 Jahre DISCO – Die Jubiläumstour" zeigen einen aufgekratzten Endfünfziger mit Glitzerjackett, der affig gestikuliert und das Gesicht verzieht. Das Ganze soll jugendlich rüberkommen, selbstironisch, retro, 70er-Jahre-mäßig – und ist eine einzige Lüge.

Ilja Richter wirkte nie jugendlich, in keiner seiner 133 DISCO-Folgen, die er zwischen 1971 und 1982 moderierte. Und ein Kind der 70er war er schon gar nicht. Bereits als 18-Jähriger trat Ilja grundsätzlich im Zweireiher auf und manchmal gar im Frack mit Fliege. Er war der Typ Schwiegersohn, zu dem selbst stockkonservative Eltern ja gesagt hätten. Auch die Zwischensketche, die er gemeinsam mit seiner Mutter schrieb, waren weit davon entfernt, brave Bürger zu verschrecken. Während *Klimbim*, Deutschlands erste Comedyserie, in jenen Jahren einen frivol-anarchischen Charme verbreitete, kamen Iljas musikalische Parodien operettenhaft und altbacken daher. Das gefiel sogar Oma, die sonst nur *Musik ist Trumpf* und *Erkennen Sie die Melodie?* schaute.

Selbst die Songs, die in der Sendung präsentiert wurden, führten Generationen zusammen. Spätestens, wenn Heino *Blau blüht der Enzian* anstimmte und Tony Marshall *Und in der Heimat, ja, da ist es doch am Schönsten* schmetterte,

Zeitgeistentdeckung Nr. 15:
Das Beste an Retro-Wellen ist, dass sie einen vergessen lassen, wie schrecklich das Original eigentlich war.

erhielt das Wort Disco eine völlig neue Bedeutung.

Und dennoch, trotz kreuzbraver Sketche und grenzwertiger Schlager, erzielte Iljas DISCO bei jungen Menschen Einschaltquoten, von denen heutige Programmmacher nur träumen können. Denn Privatfernsehen gab es noch nicht. Es war die Zeit vor *MTV.* Jugend fand in den öffentlich-rechtlichen Sendern nicht statt. Teenager mussten sich in Genügsamkeit üben, sich damit bescheiden, dass wenigstens einmal im Monat die Idole vom *Bravo*-Starschnitt – The Sweet, Slade, Bay City Rollers, Shaun Cassidy, The Teens – ins deutsche Fernsehen hinabstiegen.

Der Rest war Magerkost. Wenn Ilja vollmundig versprach, „Wie schön für mich, mal wieder einen Star aus Amerika ansagen zu dürfen", dann konnte man gewiss sein, dass es sich um eine Sternschnuppe wie Kim Carnes handelte. Richtige Stars, wie Abba, Rod Stewart oder Blondie, verirrten sich nur selten in Iljas Sendung.

Und manchmal auch nur virtuell: Dann erschienen die Rolling Stones, Elton John oder die Osmonds als Filmeinspielung auf dem Studiobildschirm, quasi der Vorläufer des Videoclips. Doch selbst das war besser als Kuriositäten

wie die Beatles Revival Band oder den singenden Schauspieler Amadeus August erleben zu müssen. Wenn dann
auch noch Thommy Ohrner (besser bekannt als Timm
Thaler und Manni, der Libero) zum *Five o'Clock Rock* rief,
wünschte man sich nach England oder in die Niederlan-
den. Dort nämlich liefen mit *Top of the Tops* und *AVRO's
Toppop* zwei Musiksendungen, in denen keine Füller ge-
spielt wurden, sondern die aktuellen Charts. Und das jede
Woche.

Zum Weiterhören
Ferry Maat's Soul Show (diverse CDs)

Der große Rock 'n' Roll-Schwindel

Wenn Rebellen alt werden

Man muss sich das so vorstellen: Da sind fünf junge Männer, die hormongeflutet vom wilden, geilen Leben träumen. Bloß ist dieses Leben nirgendwo in Sicht. Schon gar nicht in englischen Grafschaften wie Kent oder Gloucestershire. Das macht die Männer zornig. Und weil sie außer der Wut nur ihre Musikinstrumente haben, werden Gitarren, Bass und Schlagzeug zu Instrumenten der Wut. Dazu schreit der Sänger „I can't get no satisfaction" oder rotzt einem unliebsamen Gegenüber ein übelgelauntes „Get off my cloud" („Verzieh dich") entgegen.

Den Jugendlichen gefällt das. In der Wut und Unzufriedenheit der Band erkennen sie ihre eigene Wut und Unzufriedenheit wieder. Und weil es viele, sehr viele unzufriedene Jugendliche gibt, finden die Lieder reißenden Absatz. Auch außerhalb Großbritanniens gehen die Verkaufszahlen durch die Decke. Denn man muss kein Englisch verstehen, um zu begreifen, was diese wilden Kerle bewegt. Bald schon sind aus den fünf jungen Männern fünf junge Millionäre geworden.

Jetzt können sie endlich das Leben führen, von dem sie geträumt haben. Nichts und niemand hindert sie daran, hübsche Models und teure Drogen zu nehmen. Und das tun sie dann auch. Der Sänger wird zunehmend besser gelaunt. Wenn er ein Mädel bittet „Let's spend the night together", klingt er fast schon charmant. Nach und nach verflüchtigt sich die Wut der Jugendtage. Worauf sollten die Bandmitglieder auch wütend sein? Auf die schrankenlose Freiheit? Auf die ausufernden Partys? Auf den nicht enden wollenden Rausch? Eigentlich könnten sie sich jetzt zur Ruhe setzen. Die Früchte des Zorns genießen. Doch weil

Zeitgeistentdeckung Nr. 16:
Rock ist der Schlager von heute –
reaktionär, rückwärtsgewandt,
erstarrt.

dies auf Dauer dann doch ein wenig langweilig wäre, machen sie weiter Musik. Produzieren Lieder wie andere Brötchen. Nur klingen diese ohne Wut nur noch halb so aufregend. Wie die einer Coverband. Oder schlimmer noch: wie eine Parodie.

Daher sei die Frage erlaubt: Warum soll man den 50sten Geburtstag einer Band feiern, die sich besser vor 40 Jahren aufgelöst hätte? Nach *Exile on Main St.*, jenem Album, bei dessen Produktion der größte Ausgabenposten das Heroin war. Heute ist selbst Keith Richards clean und die Musik sowieso. Darauf einen eisgekühlten Bommerlunder! Ach ja, wieso gibt es eigentlich die Toten Hosen noch?

Zum Weiterhören
Alles von den Beatles

Die Comedy GmbH

Warum Mario Barth polarisiert

Allerorten ausverkaufte Hallen: Mario Barth boomt. Doch die Zahl seiner Kritiker wächst. Dafür gibt es gute Gründe.

Vor einiger Zeit entbrannte auf der Website der *Bild*-Zeitung eine heftige Leserdiskussion. Der Grund: Mario Barth hatte einen Bekleidungshersteller verklagt, weil dieser T-Shirts mit dem Aufdruck „Nichts reimt sich auf Uschi" verkaufte. Die Abmahnung war einerseits dreist – nicht Barth ist der Erfinder des Spruchs, sondern Oliver Kalkofe und Dietmar Wischmeyer (und das bereits 1992) – und andererseits geschäftstüchtig. Sehr geschäftstüchtig. Barth hatte sich den Spruch als Marke schützen lassen und selber T-Shirts damit bedrucken lassen.

Sympathiepunkte sammelte er mit der Klage nicht. Schon gar nicht in der Kleinkunstszene, ohne die so mancher Bühnenkomiker noch heute auf seinen Durchbruch warten würde. Denn Kleinkunst ist ein Kind der Alternativkultur. Es war in den 70er und 80er Jahren, als verwaiste Fertigungsstätten zu Kulturzentren umfunktioniert wurden. Überall in der Bundesrepublik entstanden auf diese Weise Auftrittsmöglichkeiten für junge Talente. Dass es dabei auch um Geld geht, manchmal ums nackte Überleben, wird allzu gern ausgeblendet.

Dabei genügt ein Besuch der jährlich stattfindenden Freiburger Kulturbörse, um zu begreifen, wie knallhart das

Geschäft der ach so alternativen Kleinkunst ist. Auf dieser Messe – der wichtigsten ihrer Art in Deutschland – präsentieren sich Dutzende von Musikern, Komikern, Pantomimen, Schauspielern und Jongleuren in 15-minütigen Kurzauftritten. Wenig Zeit, um das Fachpublikum für sich zu gewinnen. Nur wenn es dem Künstler gelingt, die Chefs der Kulturfabriken von seinen Fähigkeiten zu überzeugen, besteht die Chance auf Auftritte.

Zeitgeistentdeckung Nr. 17: Künstler müssen keine besseren Menschen sein. Hinter dem Hass auf Mario Barth steht der Neid auf einen cleveren Menschen, der weiß, wie man Geld macht.

Die Karriere von Dieter Nuhr oder Michael Mittermeier wäre ohne die Freiburger Kulturbörse undenkbar. Hier wurden erste Kontakte zu Veranstaltern geknüpft und Engagements klargemacht. Man muss sich nur vor Augen führen, dass beide jahrelang in kleinstädtischen Kulturzentren ihr Handwerk perfektioniert haben.

Mit dem Erfolg werden die Hallen dann größer, die Herangehensweise kommerzieller. Doch kein Stand-up-Comedian betreibt die Selbstvermarktung so konsequent wie Mario Barth. Er war der erste seiner Zunft, der in die Stadien ging. Und der erste, der unter Merchandising nicht nur den Verkauf von T-Shirts und Kappen verstand, sondern auch den von Toastern und Fußmatten. Ja, ein eigener „Brüllkäfer" wurde kreiert, damit bereits Säuglinge ihr Mario-Barth-Kuscheltier besitzen.

Als Barth dann auch noch für den größten deutschen Elektrofachmarkt Werbung machte, war selbst bei einigen

Fans das Maß voll. Die allzu offenkundige Profitorientierung (oder sagen wir es weniger fein: Gier) stieß vielen sauer auf.

Doch weil man in Deutschland über Geld nicht redet – die Neidgesellschaft lässt grüßen –, muss sein Programm als Angriffsfläche herhalten. Das ist, seien wir ehrlich, nicht ganz die Hohe Schule des Humors. Doch dies gilt für die meisten Comedy-Programme. Mit dem Unterschied: Barth hat Erfolg. Aus überschaubarem Talent hat er nicht nur eine große Karriere gebastelt, sondern auch ein florierendes Wirtschaftsunternehmen geformt. Mario Barth ist zur Marke geworden, wie Apple oder Adidas. Vielleicht sollte das *manager magazin* mal über ihn berichten.

Herzschmelze in Duisburg

Wie das deutsche Kino sein könnte

Keinohrhasen, Zweiohrküken, Kokowääh – das deutsche Kino ist fest in der Hand von Til Schweiger. Genau das ist das Problem.

Dereinst in ferner Zukunft werden Hieroglyphenforscher das deutsche Kino des frühen 21sten Jahrhunderts zu entziffern suchen. Sie werden rätseln über Filme, deren Darsteller stets unter Strom stehen und doch seltsam saftlos wirken. Die ständig Emotionen beschwören, aber nie Gefühle zeigen. Die unentwegt reden und doch nichts sagen. Schon gar nichts über den Ort und die Zeit, in der sie leben. Die Forscher werden sich fragen, was für ein wunderliches Land diese Bundesrepublik gewesen sein muss. Ein Land, losgelöst von Raum und Zeit, bewohnt von Menschen ohne Wurzeln, ohne Vergangenheit, ohne Bindungen.

Und dann, wenn die Forscher fast die Hoffnung aufgegeben haben, diesem sonderbaren Land mit seinen kauzigen, notorisch gereizten Menschen auf die Spur zu kommen, werden sie auf *Solino* stoßen. Sie werden vor Freude in die Hände klatschen, weil das Land auf einmal ein Gesicht bekommt: eins mit Unebenheiten, mit unschönen Narben, mit Wunden, die nicht zuheilen wollen. Und mit einem Lächeln, das alles wettmacht.

Solino, das ist die Geschichte einer sizilianischen Familie, die in Duisburg das deutsche Wirtschaftswunder sucht, es in einer Pizzeria zu finden glaubt und schließlich zerbricht.

Eine Kleinfamilien-Sage, erzählt in Zehn-Jahres-Etappen von 1964 bis 1984, in deren Mittelpunkt die beiden Söhne Gigi (Barnaby Metschurat) und Giancarlo (Moritz Bleibtreu) stehen. Es geht um Liebe und Verrat, um Hochgefühle und Tiefschläge, um Träume, die zum falschen Zeitpunkt wahr werden, und um Alpträume, die den Keim des Glücks in

Zeitgeistentdeckung Nr. 18:
Das deutsche Kino ist eine Zumutung mit Namen Til Schweiger. Gelegentlich wird man daran erinnert, wie es anders sein könnte.

sich tragen. Kurz: Es geht ums pralle unberechenbare Leben. Jene explosive Mixtur, um die sich die meisten deutschen Filmemacher feige herumdrücken.

Fatih Akin nicht. Der Regisseur von *Kurz und schmerzlos*, *Gegen die Wand* und *Soul Kitchen* hat keine Angst vor Pathos und Passion, weil er die Algebra des Kinos beherrscht. Er kennt die Formel, die Zuschauer in Mitleidende verwandelt. Und er verrechnet sich nie. Denn das Leben wird bei Akin zum Nullsummenspiel. Weshalb in *Solino* das Glück des einen immer auch das Unglück des anderen ist.

Akin zeigt den Erfolg der aus dem Neid erwächst, die Eifersucht, die Brüder in Konkurrenten verwandelt, und den Betrug, der sie zu Feinden macht. So viel aufgestauter Groll und ungebremste Wut wie zwischen Bleibtreu und Metschurat waren schon lang nicht mehr im Kino zu erleben. Und zwischen beiden, da steht Jo (Patrycia Ziolkowska), die Frau mit dem schönsten Lächeln seit Christiane Paul in *Das Leben ist eine Baustelle*.

Dass auch sie keine Heilige ist, ist für den Fortgang der Handlung und ihre dramatische Zuspitzung nicht uner-

heblich. *Solino* lebt davon, dass seine Charaktere menschlich und manchmal allzu menschlich sind. Sie werden anderen untreu, um sich selber treu zu bleiben. Wie im richtigen Leben. Nur bekommt man genau das – in dieser Intensität, mit dieser Wucht und Ausdrucksstärke – in deutschen Kino- und Fernsehproduktionen selten zu sehen. Und vielleicht werden sich dereinst in ferner Zukunft die Hieroglyphenforscher fragen, ob dies am deutschen Film oder an der deutschen Wirklichkeit lag.

Zum Weiterschauen
Lichter (Regie: Hans-Christian Schmid)

Wir Trendtrottel

Ukulelenorchester und Tenöre – warum unser Geschmack immer skurriler wird

Immer mehr Ukulelenorchester gehen auf Tournee. Dies ist kein Zufall. Im Zeitalter der Events lässt sich Schräges hervorragend vermarkten.

Es ist noch gar nicht so lang her, da hätte man guten Gewissens behaupten können: Die Ukulele hat ein Imageproblem. Sie sieht aus wie eine Schrumpfgitarre für Kleinkinder. Keith Richards mit Ukulele? Undenkbar. Wer sich damit an die Öffentlichkeit wagte, waren Blödelsänger wie Nico Haak (*Schmidtchen Schleicher*) oder Spötter wie Stefan Raab. Wenn Raab seine Gäste auf der Ukulele begleitete, dann ging es nicht um musikalischen Hochgenuss, sondern um Klamauk.

Das ist jetzt anders. Mit The Ukulele Orchestra of Great Britain, The United Kingdom Ukulele Orchestra und den schottischen The Dukes of Ukes machen gleich drei Zupfensembles das europäische Festland unsicher – Tendenz steigend. Aus Exotenmusik ist ein Massenphänomen geworden.

Wer wissen will, wie es so weit kommen konnte, muss ins Jahr 1990 zurückgehen: Im Rahmen der Fußball-WM in Italien sangen drei Tenöre ein Potpourri aus Arien, Broadway-Melodien und Popsongs. Die Opernpuristen waren entsetzt. Doch der künstlerische Ausverkauf bedeutete in kommerzieller Hinsicht: „Ausverkauft!" Menschen, die sich nie in die Oper gewagt hätten, strömten zu Pavarotti,

Carreras und Domingo wie sonst nur zu Rockkonzerten.

Und der Erfolg brachte Nachahmer hervor. Aller guten Dinge waren nicht mehr drei, sondern erst fünf, dann zehn und irgendwann zwölf Tenöre. Schließlich lag die Messlatte bei 101 – was den Dalmatinern recht ist, ist den Tenören billig.

Zeitgeistentdeckung Nr. 19:
Vermarktung ist alles. In einer kulturell übersättigten Welt muss das Exotische nur massentauglich frisiert werden, damit es zum Erfolg wird.

Das Spiel wiederholte sich einige Jahre später. Diesmal sollte der Stepptanz dran glauben. Das Erfolgsrezept war das Gleiche wie bei der Tenorschwemme: Man nehme ein verstaubtes Randgenre, peppe und pimpe es auf und präsentiere es, statt in altehrwürdigen Theatern, in Hightech-Arenen. Mit Michael Flatleys *Lord of the Dance* wurde aus Fred Astaires betulichem Schuhgeklapper Las-Vegas-tauglicher Bombast. Erneut zogen andere nach. Im Fahrwasser von *Lord of the Dance* erreichten auch *Magic/Rhythm/Night/Flames of the Dance* (und diverse andere Kopien) ihr Publikum.

Die Nachahmer sind keine Schmarotzer. Im Gegenteil. Sie kurbeln die allgemeine Nachfrage an. Mit jedem Tenorensemble, jeder Stepptanzformation, jedem Ukulenenorchester wächst das Interesse der Medien am einstigen Minderheitenprogramm. Erst durch das Überangebot an vergleichbaren Künstlern entsteht der Eindruck, es handle sich um einen Trend, um das „neue große Ding", das demnächst „einschlagen" werde.

Seien wir also gespannt, welche Sau als nächstes durchs Dorf getrieben wird. Denn es gibt genug Nischen, die ihrer Entdeckung harren. Was halten Sie eigentlich von Jodeln?

Nach Harald Schmidt – das langsame Sterben des Fernsehens

1952 ging in Deutschland das Fernsehen auf Sendung. Gut 60 Jahre später ist es praktisch tot.

Jetzt erwischt es die Altmeister. Das Ende der Shows von Harald Schmidt auf *Sat1* und Thomas Gottschalk in der *ARD* zeigt: Das Fernsehen hat seine besten Jahre hinter sich.

Früher war alles anstrengender. Sogar das Fernsehprogramm. Zum Feierabend mutete man gerädterten Hausfrauen und erschöpften Fabrikarbeitern Politmagazine und gesellschaftskritische Fernsehspiele zu. Unterhaltungssendungen gab es nur in wohldosierter Form. Und selbst dann verloren *ARD* und *ZDF* ihren öffentlich-rechtlichen Bildungsauftrag nicht aus den Augen. Bei *Was bin ich?* lernte der Zuschauer die bundesdeutsche Berufswelt kennen. Und bei *Der große Preis* wurde er mit Themen konfrontiert, die garantiert nicht massenkompatibel waren.

Aus heutiger Sicht erscheint es unglaublich, dass bis zu 60 Prozent aller Haushalte eingeschaltet waren, wenn sich Wim Thoelkes Kandidaten zu Spezialgebieten wie Giacomo Puccini oder Georges Simenon im Detail auslassen mussten. Aber es gab ja keine Alternative in den Jahr-

zehnten des Staatsfernsehens. Dann kamen *RTL* und *Sat1*, und alles wurde anders. Zwischen dem Ende von *Dalli Dalli* (September 1986) und dem Beginn der Stripshow *Tutti Frutti* lagen nur drei Jahre, aber Welten. Die Zurückhaltung, die ein Hans Rosenthal an den Tag gelegt hatte, wirkte nun – im einsetzenden Kampf um Marktanteile – seltsam altmodisch. Knallen musste es. Langeweile war Gift für die Quoten. Programmmacher beschäftigte nur noch eine Frage: Wie kann man den Zuschauer am Wegzappen hindern?

Darauf gab es keine Lehrbuchantworten. Kein Schema F, nach dem man hätte vorgehen können. Also blieb nur Ausprobieren. Immer wieder Pionier sein. Einen Kindergeburtstag unter Erwachsenen nachspielen (*Alles Nichts Oder?!*), eine Talkshow in eine Brüllerei ausarten lassen (*Der heiße Stuhl*), Heimatfilmkitsch neu zelebrieren (*Ein Schloss am Wörthersee*). Das war oft albern, gelegentlich dämlich, aber immer überraschend.

Denn Sendungen wie *Dall-As* oder *RTL Samstag Nacht* hatte es bis dato im deutschen Fernsehen nicht gegeben. Improvisiert, überdreht, boshaft. Da verließ ein Roland Kaiser beleidigt die Sendung, weil Karl Dall ihn von der Seite anmachte: „Na, sing schon mal, damit wir es hinter uns haben!" Die übertriebene Rücksichtnahme, das Nirgendwo-anecken-Wollen der Öffentlich-Rechtlichen – all das gab es im Privatfernsehen nicht. Kein Wunder, dass schließlich auch Harald Schmidt die Seiten wechselte. Nachdem er *Verstehen Sie Spaß?* erfolgreich versenkt hatte – mit seinem Sarkasmus war das brave, an Paola und Kurt Felix gewöhnte Publikum heillos überfordert –, ging er 1995 zu *Sat1* und tobte sich jahrelang in der *Harald Schmidt Show* aus. Doch auch das Privatfernsehen wurde älter. Längst liegt die wüste Pubertät Jahre zurück. Die Keckheit des Underdogs, der den Etablierten eine lange Nase zeigte, ist Verzagtheit gewichen. Aus dem Angreifer ist ein Verteidiger geworden, der Marktanteile und Werbeinnahmen zu retten sucht. Nicht nur das Internet und

Zeitgeistentdeckung Nr. 20: *Normales Fernsehschauen ist uncool geworden. Erst recht, nachdem Leute wie Harald Schmidt ins Bezahlfernsehen gewechselt sind (SKY: „Ich seh was Besseres").*

Hunderte von Kabelkanälen setzen den großen Sendern zu. Immer weniger Zuschauer wollen sich von Programmmachern diktieren lassen, wann sie die Glotze einzuschalten haben. Wer gezielt fernsehen will, bedient sich anderweitig. Bezahlsender, Digital- und DVD-Verleihe profitieren vom Wunsch nach zeitlicher Flexibilität. Und der echte Fan wartet ohnehin nicht, bis die nächste Staffel seiner US-Lieblingsserie ihre Premiere im „Free TV" erlebt, sondern bestellt sie Monate vorher online.

Allenfalls bei Fußballweltmeisterschaften und ritualisierten Sendungen (der *Tatort* am Sonntagabend) funktioniert Fernsehen noch als Massenereignis – Rudelkucken ist Teil der modernen Eventkultur. Doch das ist die Ausnahme. Die meiste Zeit ist Fernsehen gesellschaftlich unwichtig geworden. Keiner muss mehr Gottschalk oder Jauch schauen, um am Arbeitsplatz mitreden zu können. Fernsehen ist zur bebilderten Fahrstuhlmusik geworden. Es läuft im Hintergrund mit, stört nicht besonders, und wenn man aussteigt, hat man es sofort vergessen. Und

Harald Schmidt? Den gibt's ja immer noch auf *Sky*, DVD und *YouTube*.

Zum Weiterschauen
Schmidteinander: Das Beste (Folge 1-8, 4 DVDs)

Nach dem Sieg ist vor dem Absturz – der schnelle Tod der Gecasteten

Warum Castingshow-Gewinner keinen Erfolg haben

Die Quoten von *Deutschland sucht den Superstar* (DSDS) stimmen. Doch auch der kommende Sieger wird nur ein Strohfeuer entfachen. Denn Castingshows sind nicht der Ort, wo Stars geboren werden.

Es muss in der dritten oder vierten Staffel von *DSDS* gewesen sein, da stand plötzlich Alexander Klaws, Sieger der ersten Staffel, auf der Bühne. Man rieb sich verwundert die Augen und fragte sich erst „Was macht der hier? Der hat doch schon gewonnen", und dann, nachdem er seine neue Single vorgestellt hatte: „Wie konnte der jemals gewinnen?"

Dabei machte Klaws alles richtig. Jeder Tanzschritt, jede Note saß perfekt. Doch das Entscheidende fehlte: Ausstrahlung, Charisma. Und plötzlich begriff man, warum keiner dieser „Superstars" jemals ein Star werden würde.

Aber das hatten die Fernsehsender sowieso nie vorgesehen. Auch wenn die Titel der Castingshows diesen Eindruck vermitteln: Es ist nicht Ziel, eine herausragende Stimme (*The Voice of Germany*) zu finden, *Popstars* zu entdecken oder die Nachfolgerin von Claudia Schiffer und Eva Padberg zu küren (*Germany's Next Top Model*). Castingshows sind Selbstzweck. Sie werden produziert, weil sich damit gute Einschaltquoten und folglich hohe Werbeeinnahmen erzielen lassen. Wenn durch Telefonabstimmungen, wie bei *DSDS*, noch mehr Geld in die Kasse gespült wird – umso besser!

Bloß, was treibt den Zuschauer vor die Glotze? Natürlich kommen schadenfrohe Gemüter bei den miesen Psychospielchen einer Heidi Klum und den verbalen Tiefschlägen eines Dieter Bohlen auf ihre Kosten. Aber dies erklärt nicht den Erfolg von „menschlicheren" Ablegern wie *The Voice*. Dort wird nicht gedemütigt, sondern gelobhudelt. Doch das Prinzip ist das gleiche: Konkurrenz.

Damit stehen Castingshows in der Tradition der großen Spiel- und Wettkampfshows der 60er bis 90er Jahre. Ob *EWG – Einer wird gewinnen*, *Am laufenden Band*, *Geld oder Liebe*, *Familien-Duell* oder *Traumhochzeit* – stets traten Einzelpersonen oder Teams gegeneinander an. Die Sachpreise und Geldbeträge, die es dabei zu gewinnen gab, muten im *Wer wird Millionär*-Zeitalter knausrig an. Die Aussicht auf eine neue Waschmaschine oder zwei Wochen Urlaub an der Costa Brava würde heuer nur ein müdes Lächeln hervorrufen. Mit ein paar Wohlstands-Sahnehäubchen gibt sich keiner mehr zufrieden.

Man muss den Leuten schon mehr bieten. *DSDS* macht es vor. Dort drängeln regelmäßig über 30.000 Leute zum Vorsingen. Diese Menschen wollen keine neue Wohnzimmergarnitur; sie wollen ein neues Leben. Sie sind es leid, Handys oder Dessous zu verkaufen, und glauben, es wäre einfacher, sich selbst anzupreisen. Sie wollen groß sein und machen sich dafür klein, buhlen um die Gunst von Jury

oder Coach – und begreifen nicht, dass ein echter Star dies nie tun würde. (Oder kann sich jemand Lady Gaga oder Kate Moss in einer Castingshow vorstellen?) In ihrem Bemühen schnell nach oben zu kommen, erinnern Bohlens *Superstars* und Klums *Top Models* an übereifrige Azubis, die ihrem Chef zu imponieren suchen und gar nicht

Zeitgeistentdeckung Nr. 21:
Bei Castingshows geht es nicht ums Casten, geschweige denn um kommende Stars.

merken, wie die Kollegen sich über sie lustig machen.

Selbst der Staffelgewinn ist nur ein Pyrrhussieg. Spätestens mit Beginn der Nachfolgestaffel rücken die Finalisten des Vorjahrs ins zweite Glied. *Superstars* wie Alexander Klaws oder *Popstars* wie Indira Weis (*Bro'Sis*) wissen ein Lied davon zu singen. Sie haben sich, mangels beruflicher Alternativen, eingereiht ins riesige Söldnerheer der Unterhaltungsindustrie. Dort müssen sie als Musical-Tarzan (Klaws) oder *RTL*-Dschungel-Jane (Weis) für ein wenig Amüsement sorgen, wenn sie sich nicht gerade beim *Perfekten Promi-Dinner* oder *ProSieben Promiboxen* mit anderen Halbberühmtheiten herumschlagen. Man kann ihnen nur wünschen, dass sie wenigstens gut bezahlt werden.

Zum Weiterhören
Take That: *Greatest Hits*

Der Tod steht ihm gut – der zu späte Erfolg des W. Herrndorf

Mit der Krankheit kam der Erfolg – was *Tschick* über die Buchbranche verrät

Wolfgang Herrndorfs Roman *Tschick* gehört zu den Bestsellern der vergangenen Jahre. Für den Autor ist dies nur ein schwacher Trost; er ist tödlich erkrankt.

Es hat etwas Voyeuristisches und auch Morbides, auf der Website *www.wolfgang-herrndorf.de* zu schmökern. Denn der Mann, der dort sein Tagebuch veröffentlicht, ist dem Tode geweiht; Wolfgang Herrndorf leidet an einem unheilbaren Hirntumor.

Herrndorf? Noch 2010 war dieser Name nur einer sehr speziellen Leserschicht vertraut. Er gehörte zu den – ein Etikett muss her – *Titanic*-Literaten. Das sind Autoren, die man eher selten bei den großen offiziellen Vorlesewettbewerben antrifft. Auf solchen Festivals wird Hochkultur zelebriert. Literatur fürs Oberseminar, theoretisierend, blutleer, verquast.

Titanic-Literaten aber wollen unterhalten. Ihr Humor wurde durch die Mitarbeit bei der gleichnamigen Satirezeitschrift geprägt. Dort haben sie die harte Schule des pointensicheren Schreibens durchlaufen. Die Romane der (Ex-)*Titanic*-Mitarbeiter profitieren davon. Und sie irritieren, weil die Grenzen zwischen Wirklichkeitsbeschreibung und Satire manchmal verschwimmen.

So wie in Wolfgang Herrndorfs Debütroman *In Plüsch-gewittern* aus dem Jahr 2002. Er beschreibt das Leben eines modernen Taugenichts in Berlin: viele Partys, keine Arbeit, viel Gelaber, kein Plan. Die *Süddeutsche Zeitung* lobte das Buch über den vielzitierten Klee. Der große Erfolg blieb dennoch aus. Wer liest schon gut versteckte

Zeitgeistentdeckung Nr. 22:
In der Buchbranche geht es nicht um gute Bücher, geschweige denn um Literatur.

Buchbesprechungen in Tageszeitungen?

Fünf Jahre später wiederholte sich das Trauerspiel mit dem Erzählungsband *Diesseits des Van-Allen-Gürtels*. Erneut erhielt Herrndorf positive Kritiken, ja, er gewann sogar den Publikumspreis der Klagenfurter Literaturtage. Doch abermals war das Medienecho zu schwach, um Käuferscharen in die Buchhandlungen zu treiben. Es war wie verhext: Da gab es einen Autor, der pralle Geschichten mit viel Sprachwitz zu erzählen wusste, aber die Masse erfuhr davon nichts. Herrndorf reihte sich ein in die Riege der überschaubar erfolgreichen *Titanic*-Literaten wie Gerhard Henschel (*Die Liebenden*, *Kindheitsroman*), Thomas Gsella (*Blau unter Schwarzen*) oder Simon(e) Borowiak (*Pawlows Kinder*). Ein Autor, der eher schlecht als recht vom Schreiben lebte.

Bis er im Februar 2010 erfuhr, dass er, im Alter von 45 Jahren, unheilbar erkrankt war. Verbleibende statistische Lebenserwartung: 17 Monate. Plötzlich wurde aus dem Schriftsteller Herrndorf der Patient Herrndorf. Und diesmal entfachten die Medien kein laues Lüftchen, sondern einen ordentlichen Sturm. Die Aussicht, dass *Tschick*

Herrndorfs letztes Werk sein könnte, befeuerte das Interesse der großen Zeitungen und Zeitschriften.

Endlich erhielt Herrndorf die Aufmerksamkeit, die er schon früher verdient gehabt hätte. Ob *FAZ* oder *Spiegel*, sie alle feierten *Tschick* in langen schwelgenden Texten. Selbst die *Bunte* entdeckte den todgeweihten Autor. Wie dieser mit dem zu späten Erfolg fertigwird, lässt sich auf seiner Website nachlesen:

„Gerade werden die Filmrechte verhandelt. Und das ist vielleicht der Punkt, wo ich dann doch so eine Art von Ressentiment empfinde: 25 Jahre am Existenzminimum rumgekrebst und gehofft, einmal eine 2-Zimmer-Wohnung mit Ausblick zu haben. Jetzt könnte ich sechsstellige Summen verdienen, und es gibt nichts, was mir egaler wäre."

Schöne neue Welt. Eine Exkursion in die Gegenwart

Das hässliche Gesicht
von Facebook

Warum soziale Netzwerke asozial sind

Wer Facebook verstehen will, sollte sich mit dessen Erfinder beschäftigen. Genau das tut der Film *The Social Network*.

Schon der Titel irritiert: *The Social Network*, das soziale Netzwerk. Das klingt nach dröger Reportage im Deutschlandfunk, aber nicht nach Hollywood und schon gar nicht nach Jugend. Junge Menschen sind auf der Kinoleinwand gewöhnlich *Dazed and Confused*, benebelt und verwirrt. *Denn sie wissen nicht, was sie tun. Die Reifeprüfung* des Lebens führt sie über spannungsreiche Konflikte, in denen sich nicht nur *St. Elmo's Fire* entlädt. Naiv und blauäugig müssen sie erfahren: *Reality bites*, die Wirklichkeit tut weh. Mal sind sie *Die Outsider*, mal *Slacker* – immer aber treten sie im Rudel auf. Als Clique, als Bande oder wenigstens als Pärchen. Nur gemeinsam ist man stark.

Dies gilt nicht für Mark Zuckerberg. Er ist die zentrale Figur in David Finchers Film *The Social Network* und der ichversessenste Charakter, der seit langem auf der Leinwand zu besichtigen war. Dass es ihn nicht nur im Kino, sondern auch real, im wirklichen Leben, gibt, macht die Sache noch schlimmer. Ein Egomane gründet das größte soziale Netzwerk der Welt: Facebook. Und das ist erstens ein schlechter Witz und zweitens in sich stimmig.

Denn Zuckerbergs größtes Manko ist nicht, dass er karrieregeil und geldgierig wäre, sondern dass er nicht die geringste Ahnung davon hat, wie menschliche Beziehungen funktionieren. Er kann sich in das Innerste eines Computers einfühlen, aber weiß nicht, mithilfe welchen Programms sich Freundschaft und

Zeitgeistentdeckung Nr. 23:
Soziale Netzwerke fördern asoziales Verhalten.

Liebe entwickeln. Weil aber jeder Freunde haben will und Liebe sowieso, bleibt einem, wenn es in der Wirklichkeit nicht funktioniert, nur noch die virtuelle Welt, also das Internet mit seinen Singlebörsen und sozialen Netzwerken.

Dass dort noch schamloser gelogen und betrogen, übertrieben und verschwiegen wird als in der realen Welt – geschenkt! Auch muss es uns nicht sonderlich bekümmern, dass der Schutz privater Daten dort eher entspannt gehandhabt wird – niemand wird schließlich gezwungen, intimste Dinge vor der Weltöffentlichkeit preiszugeben. Nein, ärgerlich sind Foren wie Facebook vor allem deshalb, weil sie zwischenmenschliche Begriffe, auf deren Bedeutung sich Generationen verständigen konnten, komplett umdeuten und pervertieren.

Freundschaft, das hieß in den Zeiten vor Facebook: sich sehen (real und nicht nur auf dem Bildschirm), sich Zeit nehmen (auch bei vollem Terminkalender), loyal sein (selbst wenn's manchmal schwerfiel), da sein (wenn der andere einen brauchte). In den sozialen Netzwerken ist Freundschaft nur noch eine formlose elektronische Anfrage, die keine emotionalen Verpflichtungen nach sich zieht und jederzeit per Mausklick aufgekündigt werden kann. Heute so, morgen so.

Auch Liebe ist nicht länger eine Frage der inneren Einstellung, sondern der „Profil"-Einstellung: gestern noch „In einer Beziehung", heute „Es ist kompliziert", morgen „In einer offenen Beziehung". Wenn Partner über Facebook erfahren, dass sie nur noch Ex-Partner sind (weil der „Beziehungsstatus" auf „Getrennt" oder „Single" geändert wurde), erscheint Schlussmachen per SMS auf einmal als mutige, charaktervolle Geste.

Auf diese Weise fördern die sozialen Netzwerke asoziales Verhalten. Beziehungen sind nicht mehr das Ergebnis langsamer Prozesse, sondern schneller Prozessoren. Jetzt wissen Sie, warum Mark Zuckerberg Facebook erfunden hat.

Zu sexy für den Rest – Deutschland wird Provinz

Wie westdeutsche Städte unter der Kulturhoheit Berlins leiden

Seitdem Berlin wieder Hauptstadt ist, zieht es immer mehr Künstler und Lebenskünstler dorthin. Die Folgen davon bekommen nicht nur Städte wie Hamburg, Köln und München zu spüren, sondern auch solche wie etwa Trier.

Erst kamen die Baulöwen. Wann hatte es das zuletzt gegeben: Inmitten einer Millionenstadt waren riesige Freiflächen mit Beton zu füllen! Dann zog es die Werbe- und Webagenturen nach Berlin. Zu verlockend war die Vorstellung, den Namen der Hauptstadt auf der Visitenkarte gedruckt zu sehen – selbst wenn der Umsatz weiterhin am Stammsitz in Bottrop gemacht wurde. Nach und nach hielt die Boheme Einzug. Es hatte sich unter Künstlern herumgesprochen, dass die Mieten und Lebenshaltungskosten in Berlin sensationell niedrig waren. Auch trug Armut hier nicht den Stempel des Versagens, sondern war von Party-Herrscher Wowereit als „sexy" geadelt worden. Schließlich rückten die Journalisten an. Zum einen, weil auch der Kanzler und seine Minister jetzt Wahl-Berliner waren, zum anderen, weil gute Geschichten hier quasi auf der Straße lagen. Man musste nur aufschreiben, was sich seit gestern verändert hatte.

Nun, da alle hier waren, rieb man sich anderswo verwundert die Augen. Denn das Wiedererblühen Berlins war das Ergebnis einer Bluttransfusion. Und zur Ader gelassen wurden jene Städte, die in der alten Bundesrepublik den Ton angegeben hatten. Zum Beispiel Köln. In den 80ern und frühen 90ern war die Stadt ein Mekka für Musiker und Bildende Künstler. Hier gab es die schrillsten Galerien und die lautesten Liveclubs. Noch heute berichten Besucher des Rose Club von jenem Novemberabend 1989, als eine Band namens Nirvana die Bühne betrat. Aus und vorbei! Die Pop-Intellektuellen der Zeitschrift *Spex* haben sich ebenso nach Berlin abgesetzt wie die Veranstalter der internationalen Musikmesse Popkomm. Heute ist man in Köln schon froh, dass wenigstens das Millowitsch-Theater der Stadt treu bleibt.

Andere westdeutsche Großstädte erlitten einen ähnlichen Bedeutungsverlust. Bochum lebt von der Erinnerung an die großen Tage des Schauspielhauses unter Peter Zadek und Claus Peymann. Hamburg, einst Pressehauptstadt, musste mit ansehen, wie ganze Redaktionen, vorneweg die der *Bild*-Zeitung, in die echte Hauptstadt umzogen. München schaut neidisch gen Nordosten, weil viele Filme und Serien jetzt in Babelsberg, unweit vom Berliner Wannsee, gedreht werden. Ja, selbst Münchens Status als Schickimicki-Metropole ist in Gefahr. Es kann kein Zufall sein, dass Baby Schimmerlos, der Klatschreporter aus *Kir Royal*, in Helmut Dietls Film *Zettl* heißt und sein Revier nach Berlin verlegt hat.

Und Trier? Vor dem Fall der Mauer desertierten junge Leute allenfalls nach West-Berlin, um dem Spieß oder der spießigen Provinz zu entkommen. Wie Ernst Ulrich Deuker, der 1971, im Alter von 17, Trier verließ. Es folgten brotlose Jahre als Bassist in Polit- und Jazzrockbands, bis er 1981 eher zufällig mit Ideal den Durchbruch erlebte. Zwei Jahre später löste sich die Band wieder auf.

Zeitgeistentdeckung Nr. 24:
Der anhaltende Berlin-Hype lässt deutsche Großstädte kulturell ausbluten.

Zu dieser Zeit hätte Deuker sein altes Trier nicht mehr wiedererkannt. Losgelöst vom etablierten Stadttheater und den überkommenen Kunstvereinen hatten sich Künstlergruppen gebildet, die Probe- und Ausstellungsräume einforderten. Mit Erfolg. 1985 erhielt die „Moselmetropole" – wie so viele Städte in der alten mittelpunktlosen Bundesrepublik – ihr alternatives Kulturzentrum, die Tuchfabrik. In der Folge erlebte die freie Theater-, Musik- und Kunstszene einen nie gekannten Boom.

Einer, der damals vorwegmarschierte und mit seinen Beatles-, Knef- und Bukowski-Revuen ein großes Rad drehte, war Michael Kiesling. Er hätte nicht nach Berlin zu gehen brauchen. Anders als der junge Deuker hatte er sich bereits einen Namen gemacht. Doch nur in Berlin konnte er sich mit der Nachfolgeband von Ton Steine Scherben/ Rio Reiser zusammentun – Punktsieg für die Hauptstadt! In seiner Heimat ist es seit seinem Weggang stiller geworden.

Henry Ford hätte es gefallen

Das Studentenleben im 21. Jahrhundert

Jubiläen wohin man schaut. Reihenweise begehen die Hochschulen, die in den 60er und 70er Jahren gegründet wurden, runde Geburtstage. Ein Grund zum Feiern ist dies nicht.

Der Student an sich ist eine Plage. Er verstopft Linienbusse, bringt Hörsäle zum Bersten und verursacht lange Schlangen, wo immer er aufkreuzt, bevorzugt vor der Essensausgabe. Auch fällt es ihm schwer sich zu konzentrieren (Schwatzen während der Vorlesung), vor Prüfungen und Abgabeterminen neigt er zu Hysterie (noch mehr Schwatzen), und bisweilen agiert er gar hinterhältig (Bücherverstellen in der Bibliothek). Zu allem Übel ist er – das behaupten zumindest manche Dozenten – intellektuell überfordert oder schlichtweg dumm. Mit anderen Worten: Er ist der falsche Mensch am falschen Ort.

Und er bekommt dies auch zu spüren. Die Professoren mögen ihn nicht, weil er sie vom Forschen abhält (oder zumindest vom verlängerten Wochenende von Donnerstag bis Dienstag). Die Mensa- und Cafeteria-Angestellten halten ihn für einen notorischen Nichtstuer (weil sie ihn stets nur essen, trinken und schwatzen sehen). Und bei den Eltern steht er unter Generalverdacht, die monatlichen Zuwendungen in die Kneipe statt in die Universitätsbuchhandlung zu tragen.

Ja, der Student selbst hat eine schlechte Meinung von

sich. Sein Selbstwertgefühl bewegt sich auf dem Niveau eines aknegeplagten Teenagers, der gerade verlassen wurde. Schlimmer noch: Er fühlt sich schuldig. Weil: Eigentlich meinen's alle ja nur gut mit ihm. Angefangen bei Vater Staat, der vielerorts keinen Cent von ihm will und ihm, wenn er klamm ist, sogar

Zeitgeistentdeckung Nr. 25:
Der Student von heute ist eine arme Sau.

noch ein paar Scheine zusteckt oder die Miete vorstreckt. Das Studentenwerk ist wie eine Mutter zu ihm, die ihn sogar zur Ferienzeit bekocht (Mensa) und mit leckeren Brötchen und Salaten versorgt (Cafeteria). Die „Bib" (der Student liebt Abkürzungen) liefert kostenlose geistige Nahrung. Und die „Profs"? Könnten natürlich schon offener sein, interessierter. Andrerseits (und das spürt der Student), wie soll das gehen? Bei 100, 300, 500 Leuten – und nur einer Sprechstunde pro Woche (die in der vorlesungsfreien Zeit meist ausfällt).

Das ist die Krux: Der Student ist immer nur Masse, nie Individuum. Er lauscht Vorlesungen und Vorträgen, die nicht für ihn geschrieben wurden (weshalb er sie oft nicht begreift). Er verfasst Texte, die niemanden interessieren (weshalb seine Hausarbeiten und Klausuren oft, statt auf dem Schreibtisch des „Profs", auf dem des „Hiwis", der ausgebeuteten studentischen Hilfskraft, landen). Er hält Referate, bei denen niemand hinhört (was manchmal auch besser ist). Und irgendwann kapiert er, dass er nicht einmal ein Rädchen im Getriebe ist, sondern nur eine Matrikelnummer, die nach Ende des Studiums im Archiv verschwindet.

Denn das Schicksal des heutigen Studenten ist die Lebenslüge der modernen deutschen Hochschule: Sie beruft sich auf Wilhelm von Humboldt (der mit dem Bildungsideal), aber beherzigt Henry Ford (der mit dem Fließband). Sie ist wie eine Nudelfabrik, die den Studenten in die gewünschte Form presst und ihn danach in den Produktvarianten „Bachelor" und „Master" auf den Markt wirft – Bildung Bolognese. Das ist in Trier nicht anders als in Köln, Kassel oder Greifswald. Wozu also feiern?

Zum Weiterschauen
Animal House (mit John Belushi, Regie: John Landis)

Kein Echtleben im falschen

Wie Katja Kullmann – unfreiwillig – die Lebenslüge der Kreativen offenlegt

In den 80ern gab es die Lehrerschwemme, in den 90ern die Ärzteschwemme, jetzt die Kreativenschwemme. Welche Folgen dies hat, beschreibt Katja Kullmann in ihrem Sachbuch *Echtleben*.

In den 70er Jahren gab es keine Kreativen. Zumindest verstand man etwas anderes darunter. Kreativ, das war eine überschaubare Minderheit von Künstlern, die zwischen Genie und Wahnsinn taumelten. Den Begriff umgab, je nachdem in welcher Runde er benutzt wurde, ein Hauch des Zweifelhaften, Anrüchigen.

Dies änderte sich in den 80ern. Mit der Einführung des Privatfernsehens, dem Aufkommen des subjektiven „New Journalism" und dem Boom der Werbeagenturen durchlief das Wort eine Metamorphose. Der Kreative war nicht länger ein entschwebter Einzelgänger, sondern Teil einer aufregenden großstädtischen Szene. Er oder sie gehörte zu jenen Privilegierten, die nicht dem Takt der Stechuhr gehorchten, sondern nur ihrer Inspiration. Ihre Berufung war ihr Beruf. Und das Beste daran: Der Spaß wurde auch noch prächtig bezahlt.

Kein Wunder, dass plötzlich jeder kreativ sein wollte. Zumal die Kreativen massiv Eigenwerbung betrieben und so ihre eigene Konkurrenz nährten. Indem sie sich in Vorabendserien, Zeitschriftenartikeln, auf Modeschauen und sogar im Kino (*Cannes-Rolle*) selbst feierten, weckten sie unter jungen Menschen, die vor der Berufswahl standen, die Begehrlichkeit, es ihnen gleichzutun. Von Arbeit war seltsamerweise dabei nie die Rede. Von Talent auch nicht – wieso auch? Steckt nicht in jedem von uns ein Kreativbündel, das nur befreit werden muss?

Zeitgeistentdeckung Nr. 26:
Wer nach dem Studium in der Kreativbranche landet, bleibt eine arme Sau.

So kam es, wie es kommen musste: Pünktlich zu den Wirtschaftskrisen der 00er Jahre wurde der Markt mit Kreativen überschwemmt. Und weil Angebot und Nachfrage noch immer den Preis regeln, purzelten die Honorare und Gehälter. Ganze Berufsgruppen – Kameraassistenten, Modedesigner, Werbegrafiker, freie Journalisten – machten die Erfahrung, dass das Nachtleben nur noch halb so gut schmeckt, wenn man die Cocktails nicht bezahlen kann.

Keine weiß dies besser als Katja Kullmann. 2002 hatte sie mit *Generation Ally* (eine feministische Erwiderung auf *Generation Golf*) einen Bestseller gelandet, wenige Jahre später lebte sie von Hartz IV. In *Echtleben* beschreibt sie den Kater, den Kreative wie sie erlitten haben, nachdem die Party zu Ende war. Durch das Buch zieht sich ein Ton der Verbitterung, der Enttäuschung darüber, dass kreative Menschen – im wahrsten Sinn des Wortes – um ihren Lohn gebracht werden.

Selbstkritik sucht man vergebens, und wenn dann offenbart sie sich unfreiwillig. Kullmann, die Ressortleiterin bei einer Frauenzeitschrift war, räumt ein, dass das Pro-

dukt ihrer Arbeit eher mittelmäßig war – interessante Re-
dakteurinnen, uninteressante Zeitschrift. An dieser Stelle
hätte das Buch spannend werden können. Doch auf die
naheliegende Frage kommt Kullmann nicht: Wie viele
Erzeugnisse, die Kreative herstellen, sind Ausdruck von
Kreativität? Und wie viele einfach nur fad, uninspiriert,
abgekupfert? Die Antwort darauf dürfte Kullmann nicht
gefallen: Vielleicht ist die Gesellschaft am Ende ja doch
nicht schuld. Vielleicht ist es einfach nur so, dass zu viele
Menschen den falschen Beruf ergriffen haben.

Zum Weiterlesen
Joachim Lottmann: *Der Geldkomplex*

Kommunismus 2.0

Ludwig Erhard statt Karl Marx – zu Besuch bei den Nachfahren des Vietkong

Vietnam strotzt vor Zuversicht und Tatendrang. Dies hat auch historische Gründe. Eine Reise in das aufregendste Land Südostasiens und dessen blutige Vergangenheit.

Sie haben alles versucht. Sie haben das Land mit einem Bombenteppich überzogen. Sie haben Dorf um Dorf mit Napalm abgeflämmt. Sie haben ganze Wälder mit dem hochgiftigen Entlaubungsmittel Agent Orange vernichtet. Und sie haben geballert, was das Automatikgewehr hergab; auf jeden Toten kamen 50.000 Schuss Munition. Es hat alles nichts genutzt. 1973 kapitulierten die Amerikaner vor den kommunistischen Vietnamesen, den Vietkong, und zogen ihre Truppen aus Südvietnam ab. Zwei Jahre später überrollte der kommunistische Norden den zerfallenden Süden.

Einer, der darüber einiges zu berichten weiß, ist Phuoc Huu Huynh, Besitzer einer Kochschule in der Weltkulturerbe-Stadt Hoi An, einer Art fernöstlichem Rothenburg ob der Tauber. Denn Phuoc sitzt direkt an der Quelle. Dutzende Male hat er die Geschichte seines Großvaters, eines Vietkong-Kämpfers der ersten Stunde, schon gehört. Wie sie sich tagsüber unter der Erde versteckten, in einem weit verzweigten Tunnelsystem, das teilweise unter den US-Stützpunkten verlief. Und wie sie dann in der Dunkelheit zuschlugen und dabei ihr Leben riskierten.

Doch Phuoc möchte nicht über den Krieg reden. „Wir dürfen nicht zurückschauen, sondern müssen das Vietnam der Zukunft aufbauen." Wobei „aufbauen" sich nicht auf Kriegsschäden bezieht. Dort, wo einst Napalmbomben und Agent Orange Urwälder in Steppen verwandelten, stehen längst wieder üppige

Zeitgeistentdeckung Nr. 27:
Von Vietnam lernen heißt siegen lernen.

Forste – dem schnell wachsenden Eukalyptusbaum sei Dank. Und die einzigen Ruinen, die es zu besichtigen gibt, sind die Tempelanlagen der Cham in My Son, die 1.000 Jahre Geschichte recht gut überstanden hatten, bis die US-Armee sie 1969 binnen zwei Tagen plattbombte – es ist leicht, in Vietnam zum Antiamerikaner zu werden. Erst recht nach einem Besuch des Museums für Kriegsrelikte in Saigon (offiziell: Ho-Chi-Minh-Stadt). Wer mit den Nachbauten der Foltergefängnisse und den Fotos missgebildeter Kinder – Spätfolge des dioxinhaltigen Agent Orange – konfrontiert wird, findet Hollywoods im Selbstmitleid absaufende Vietnamepen nur noch abgeschmackt.

Grund für Groll gäbe es also genug. Doch die Vietnamesen haben ein entspanntes Verhältnis zu ihrer Geschichte. Selbst die fehlende Demokratie scheint sie nicht sonderlich zu stören. Seit 1975 regiert in ganz Vietnam die kommunistische Partei. Doch während in Osteuropa die herrschenden Politbüros 1989 allesamt weggefegt wurden, legte man in Vietnam – ähnlich wie in China – rechtzeitig den Hebel um. Die kommunistische Partei erfand sich und den Sozialismus 1986 einfach neu. Von einem Tag auf den andern schwor man der marxistisch-leninistischen Ideolo-

Der kleine Vietnamtest

Welcher Verstoß ist auf diesem Bild zu erkennen?

a) Bei dem Handy handelt es sich um ein illegales Plagiat.
b) Die transportierten Tiere wurden nicht auf BSE untersucht.
c) Der Kindersitz ist vor dem Scheinwerfer montiert.
d) Der Erwachsene stört das Kind beim Lenken.
e) Keiner, der Verkehrsteilnehmer verhält sich in jeder Hinsicht vietnamkonform.

Der Autor im vietnamesischen Untergrund

gie – Verstaatlichung, Kollektivierung, Zentralisierung – ab und singt seitdem das Hohelied der Marktwirtschaft. Gut ist, was privat ist. Ludwig Erhard wäre stolz.

Es ist schon paradox: Ein Staat, der sich sozialistisch nennt, ist kapitalistischer und weniger sozial als die meisten Staaten Europas. Und der Erfolg gibt diesen seltsamen Kommunisten Recht. Vor 20 Jahren fuhren alle Vietnamesen Fahrrad, heute ist es ein Motorroller, in 20 Jahren wird es ein Auto sein. Neureiche lassen sich schon jetzt für anderthalb Millionen Dollar einen Mercedes-Maybach einfliegen. Dazu kommt noch mal die gleiche Summe als Luxussteuer. Egal! Ein ausgeprägter Geschäftssinn ist das, was praktisch alle Vietnamesen – von der Ramschverkäu-

Typisch Vietnam!

Kambodscha liefert jedes Jahr 20 Tonnen Rattenfleisch nach Vietnam. Das Nagetier gilt als schmackhaft und gesund, weil es sich auf Reisfeldern ernährt.

Singvögel sieht man in Vietnam selten. Vietnamesen mögen eher den Geschmack als den Gesang von Vögeln.

Der Ferne Osten ist die Hochburg der Boy- und Girlgroups. Daher ist es kein Wunder, dass sieben junge Koreanerinnen mit einem Lied über Japan (*Lovey Dovey in Tokyo*) in Vietnam die Nr. 1 sind. Auf Platz 2 folgt Katy Perry.

Wer einen Kofferträger beleidigen will, gibt ihm einen 1.000-Dong-Schein als Trinkgeld – das sind nicht mal 4 Cent. Orientierung im Zahlenmeer bietet die Zweitwährung Dollar. Die Verkäuferinnen am Straßenrand verlangen für einen Zehnerpack Ansichtskarten „one Dollar", 20.000 Dong.

Vietnamesisch ist die einzige Sprache im Fernen Osten, die sich unseres Schriftsystems bedient. Daher begreift man schnell, welche Getränke sich hinter „càphê" und „bia" verbergen.

ferin am Straßenrand bis zum IT-Unternehmer – antreibt. An jeder Ecke von Saigon, dem wirtschaftlichen Herz Vietnams, entstehen neue Bürotürme, einer prächtiger und höher als der andere. Das klimatische Vorurteil, je weiter man nach Süden gehe, desto mehr nähme die Arbeitsmoral ab, wird im subtropischen Saigon täglich widerlegt.

Es herrscht hier eine Arbeitswut wie im Westdeutschland der 50er Jahre. Und ein Optimismus, wie er uns krisengebeutelten Europäern lang schon abgeht. Phuoc ist sich sicher, dass es für seine Kochschule und für Vietnam nur nach oben gehen kann. Warum sollte er auch zweifeln? Ein Land, das eine Weltmacht in die Flucht geschlagen hat, braucht die Scharmützel des Wirtschaftslebens nicht zu fürchten.

Instantfeste

Feierkultur in Zeiten der Eventdinner

Essen gehen war gestern. Bei Eventdinnern wird nicht nur ein Mehrgangmenü serviert, sondern auch leicht verdauliche Unterhaltung. Worauf gründet der wachsende Erfolg dieses kulinarisch-kulturellen Zwitters?

Oma – Gott hab sie selig! – konnte unbarmherzig sein: „Beim Essen wird nicht ferngesehen!" Dieses Machtwort hatte zur Folge, dass man die Ergebnisse ihrer Kochkunst bewusst wahrnahm. Keine Zeichentrickserie lenkte von den Katastrophen ab, die kurz zuvor in der Küche stattgefunden hatten. Mal war die Salzdosierung aus dem Ruder gelaufen, mal das ursprünglich saftige Fleisch in der Pfanne verendet. Besser waren Familienfeste: Durch die Unterhaltung bei Tisch vergaß man, dass der Truthahn wie immer „gut durch", also trocken wie Zementstaub war. Auf einmal spielte die Qualität des Essens keine Rolle mehr. Wichtiger waren die Schwänke, die von der geschwätzigen Tante und dem leutseligen Vetter genussvoll ausgebreitet wurden.

Ortswechsel: ein mittelgroßer Festsaal irgendwo in Deutschland. Wieder steht Schwank auf dem Programm, diesmal jedoch professionell inszeniert. Unter dem Oberbegriff „Eventdinner" feiern Brot & Spiele ihr zeitgemäßes Comeback. Das Angebot ist riesig. Es gibt Comedydinner, Märchen-, Krimi-, Musical-, Western- und Draculadinner. Die Geschichten, die man dort serviert bekommt, sind so einfach zusammengerührt, dass man der Handlung selbst dann noch zu folgen vermag, wenn man sich zwischendurch ins Essen vertieft. Doch wer tut dies schon? In Zeiten des vorgefertigten Convenience-Food – der

Zeitgeistentdeckung Nr. 28:
Menschen im Berufsleben haben das Feiern verlernt.

Soßen, Gemüse und Desserts, die frisch aus dem Beutel kommen – müssen Gastronomen neue Wege finden, um zahlungskräftige Kundschaft anzulocken. Eventdinner sind dafür der geeignete Köder. Der Mensch ist nämlich – was im Zeitalter des Individualismus gern vergessen wird – ein geselliges Wesen. Feier-Tage sind seit jeher zentraler Bestandteil jeder Kultur. Bloß ist das Festefeiern im 21sten Jahrhundert gar nicht so einfach. Durch die Globalisierung der Wirtschaft und das damit verbundene Berufsnomadentum sind Freunde und Verwandte vielfach in aller Herren Länder versprengt. Unter der hohen Mobilität leiden Stadtteil-, Dorf- und Vereinsfeste – zu viele Zugezogene, zu viele Weggezogene, zu viel Fremdheit.

In diese Lücke stoßen die Eventdinner. Sie bieten einen großen festlichen Rahmen und liefern zugleich das passende Programm, damit sich unter lauter Unbekannten keiner unwohl fühlen muss. Die Rollen der gesprächigen Verwandten übernehmen dabei umherziehende Gauklertruppen; tourende Schauspielensembles, die durch die Einbeziehung des Publikums in die Handlung die Atmosphäre so weit lockern, dass spätestens zum Hauptgang Plauderlaune herrscht. So wird es am Ende ein netter Abend. Das Essen war o. k., das Stück recht kurzweilig, und die Leute am Tisch waren auch nicht verkehrt.

Und doch hinterlässt das Ganze einen seltsamen Nach-geschmack. Ein wenig wie bei Instantkaffee. Es sieht aus wie Feiern, es wirkt wie Feiern (dafür sorgt der Alkohol), aber es schmeckt nicht wie Feiern, sondern irgendwie künstlich. Persönliche Erlebnisse gehören eben nicht in die Hände von Eventmanagern.

Sehnsucht nach der stillen Nacht

Weshalb wir Christmas-Shows für unseren weihnachtlichen Seelenhaushalt brauchen

Magie der Weihnacht, Emotions Vol. 14, Christmas Moments – der Advent ist die Zeit der ausverkauften Events. Doch warum sind diese Shows so erfolgreich?

Ich sag es Ihnen gleich: Ich habe keine Zeit. Dieser Text muss flott runtergeschrieben werden. Denn wenn ich an die kommenden Wochen denke, wird mir jetzt schon flau. Advent ist ja – so lernt man im Religionsunterricht – die Zeit der Besinnung. Was dies tatsächlich bedeutet, wurde mir erst im Berufsleben klar. Regelmäßig am Montag nach dem 1. Advent besinnen sich Firmen und Behörden, dass das Jahr ja bald zu Ende ist und man Projekte, die irgendwann im Frühsommer auf Eis gelegt wurden, noch schnell zu Ende bringen könnte, nein, müsste, und zwar sofort. So werden die Adventswochen zu den arbeitsintensivsten des Jahres. Im Dezemberfieber laufen die Rechner heiß.

Und nach Dienstschluss geht es auch nicht ruhiger zu. Es wird gefeiert, bis die Krippe kracht: Weihnachtsessen der Firma oder Abteilung, Adventsfeier vom Verein, Glühweintrinken auf dem Weihnachtsmarkt. Zwischen den Phasen der Überarbeitung und der Verkaterung müssen auch noch Weihnachtsgeschenke besorgt werden, weil man in den elf Monaten zuvor – „Mensch, ist das

Jahr wieder schnell rumgegangen!" – seltsamerweise nie Zeit dazu hatte. Nicht zu vergessen: hastige Treffen mit weggezogenen Freunden, die kurz vor Heiligabend wieder in heimischen Landen weilen. Natürlich kann in dieser Hamsterrad-Hektik keine andächtige Stimmung aufkommen. Weil wir aber spüren, dass es anders sein müsste, und uns daran erinnern, dass es mal anders war, versuchen wir das gute alte Weihnachts-Feeling als Konzentrat zu konsumieren – wie einen Energydrink, der fehlenden Schlaf kompensieren soll.

Zeitgeistentdeckung Nr. 29:
Menschen im Berufsleben haben das Innehalten und Besinnlichsein verlernt.

Das Mittel hierzu, oder sagen wir: die Droge, sind Events wie *Christmas Moments*, die jedes verfügbare Pathos-Geschütz auffahren: große Gesten, bombastische Gesänge, überwältigende Lichteffekte. Solche Monumentalshows dienen als Gefühlsbeschleuniger. Was uns in überfüllten Fußgängerzonen und von Fahrstuhlmusik dauerberieselten Kaufhäusern nicht mehr gelingt, schafft eine Allianz aus Musicalsängern, Hans Klok und Guildo Horn: eine kindliche Vorfreude auf Heiligabend aufzubauen.

Es ist die Tragik unserer vollgepackten Zeit, dass diese innere Wandlung binnen zwei, drei Stunden geschehen muss – eigentlich waren dafür mal vier Wochen vorgesehen. Womit dieser Text sein abruptes Ende findet. Der nächste Termin wartet bereits.

Zum Weiterhören
Snow – The Get Easy Christmas Collection

148

Zurück zum Rudel

Weshalb wir die WM und die EM brauchen

Die nächste Weltmeisterschaft rückt näher. Und wieder hoffen zahllose Menschen, die sonst nur „Ich" sagen, das große Wir-Gefühl zu erleben.

Es gab kein Entrinnen: Man wurde geboren, und der Weg war vorgegeben. Man war Teil des Dorfes, Ortes oder Viertels. Man gehörte zu Pfarrei, Partei, Verein oder Gewerkschaft (manchmal auch zu allem). Man war katholisch, evangelisch oder jüdisch, Handwerksmeister, Arbeiter oder Angestellter. Nur eines war man nicht: Individuum. Die Gruppenzugehörigkeit definierte den Menschen. Das konnte im schlimmsten Fall tödliche Folgen haben – Juden wissen ein trauriges Lied davon zu singen.

Die schlechte alte Zeit endete in Westdeutschland 1945. Mit den Amerikanern kamen nicht nur Coca Cola und Nylonstrümpfe, sondern auch ein neues Menschenbild. Plötzlich hatte man eine Wahl: Marsch- oder „Negermusik"? Bundfalten- oder Nietenhose? Hörsaal oder Demo? Jeder Entscheidung lag die Überlegung zugrunde: „Wer möchte ich sein? Zu welcher Gruppe möchte ich gehören?"

Bloß brachte jede neue Gruppe Unter- und Gegengruppen hervor. „Negermusik", gut und schön, aber welche Richtung? Die Beatles oder die Stones? Zugegeben, ein harmloser Konflikt. In der Politik hingegen nahm der Kampf zwischen den Anhängern der verschiedenen Abspaltungen bald absurde Formen an. Spätestens als Marxisten, Maoisten und Trotzkisten sich gegenseitig bekämpften, wusste man, dass von deutschem Boden keine Weltrevolution ausgehen würde.

Langsam wurde es unübersichtlich. Erst recht als man anfing, Dinge zu mischen, die eigentlich nicht zusammenpassten: das erzreaktionäre Country & Western-Milieu und den anarchischen Punk, den HipHop der Schwarzen und den Heavy Metal der Weißen, die kreuzbrave heterosexuelle Schlagerwelt und die schrille schwule Subkultur. Es gab jetzt Country-Punk, Heavy-Metal-Rap, Schlager-Travestie und noch Tausende andere kulturelle Neuschöpfungen, die man am Bindestrich in der Mitte erkannte.

Zeitgeistentdeckung Nr. 30:
Der Mensch ist noch immer ein Herdentier.

Und selbst dort, wo man nichts hinzufügte, sondern einfach das Alte und Verstaubte aus dem Speicher hervorholte, klang es mit einem Mal anders: Easy Listening war nicht mehr spießige Tanzschulenbeschallung, zu der Oma Rumba gelernt hatte, sondern phatte Klubmucke. Das Versprechen der 80er Jahre, „Anything goes" („Alles ist möglich"), wurde jetzt, in den 90ern, eingelöst.

Doch der Preis dafür war hoch. Denn nun, da jeder tun und lassen konnte, was er wollte, gab es nichts mehr, wovon man sich hätte abgrenzen können. Die Hamburger Band Tocotronic brachte dieses Dilemma auf die griffige Formel: „Ich möchte Teil einer Jugendbewegung sein." Ein Wunsch, der schon deshalb nicht in Erfüllung gehen kann, weil es weder gemeinsame Ziele und noch einen gemeinsamen Feind gibt, sondern nur noch Individuen, für die

Identitätssuche ähnlich funktioniert wie Spontankäufe in einem gut sortierten Supermarkt. Religion? „Buddhismus ist schon cool, aber Weihnachten geh ich in die Kirche." Politik? „Die Grünen sind auch nicht mehr das, was sie mal waren. Soll ich jetzt die Merkel wählen oder die Piraten?" Musik? „Ich bin offen für alles, vom Requiem bis zu Death Metal."

Wie die jeweiligen aktuellen Vorlieben aussehen, wird dann über Facebook und Twitter der Weltöffentlichkeit mitgeteilt. Schön für die „Freunde" und „Follower": Nie war es leichter, in Sachen Lieder, Filme, Bücher und Mode abseitige Geheimtipps zu erfahren. Und nie schwerer, Menschen zu finden, die einen ähnlichen Geschmack haben – denn dann wäre er ja nicht mehr individuell.

Nur manchmal spüren all die Individuen, dass die Freude an ihrer Einzigartigkeit trotz „Mag ich"-Button von niemandem geteilt wird. Dann wünschen sie sich nichts sehnlicher, als in der Masse aufzugehen. Endlich wieder „wir" zu sagen, statt immer nur „ich". Also werden auch in kommenden Sommern auf öffentlichen Plätzen Massen zusammenströmen, um im Rudel elf fußballerisch begabte Männer anzufeuern. Dass diese nur dann gewinnen können, wenn sie ihre individuellen Fähigkeiten in den Dienst der Gemeinschaft stellen – das ist ein Gedanke, den man mal sacken lassen sollte.

Helden des Zeitgeists. Figuren, die uns die Welt erklären

Hildegard Knef – die Überlebenskünstlerin

Deutschland hätte mehr Menschen wie Hildegard Knef gebraucht – eine Hymne

**Weil früher alles schlechter war, musste „die Knef"
immer besser werden. So entspann sich eine Karriere,
die wie ein Märchen klingt. Ein grausames Märchen.**

Man kann nicht behaupten, dass das Publikum auf sie
gewartet hätte. Rote Rosen regnete es jedenfalls nicht.
Wahrscheinlich war Begeisterung auch zu viel verlangt
von Menschen, die einen Weltkrieg, ihr Vermögen und die
halbe Verwandtschaft verloren hatten – das macht bitter.
Und plötzlich steht eine Frau vor ihnen, die das Gegenteil
verkörpert: Lebenshunger bis zur Selbstaufgabe, und dazu
noch nackt. Für Hildegard Knef ist *Die Sünderin* nur ein
Film, doch für die „gesund empfindende Bevölkerung" (so
die *Rheinische Post* 1951) ist es ein Affront. Dass sie im wirklichen Leben einen amerikanischen Juden geheiratet und
die US-Staatsbürgerschaft angenommen hat, macht die Sache nicht besser, zumindest in den Augen jener Deutschen,
die eher oberflächlich entnazifiziert worden sind. So endet
Hildegard Knefs erste Karriere.

Die zweite beginnt in Hollywood. Dort hat sie es leichter. Amerikaner kennen keine „Schadenfreude". Und weil
„Hildegarde Neff" (so ihr amerikanisierter Name) nicht
nur in den richtigen Filmen mitspielt (z. B. *Schnee am Kili-*

mandscharo), sondern auch die Kunst des Nicht-Singens beherrscht, holt der Musicalschreiber Cole Porter sie an den Broadway. „Die beste Sängerin ohne Stimme" begeistert in 675 Auftritten als *Ninotschka*. Danach ist sie körperlich am Ende, aber seelisch obenauf. 1957 verlässt sie Amerika als Star. Doch auf die zweite Karriere folgt zu-

Zeitgeistentdeckung Nr. 31:
Wer sich dem Zeitgeist widersetzt, hat es in Deutschland seit jeher schwer.

nächst keine dritte. Nach dem filmischen Desaster *Madeleine und der Legionär* ist Knefs wiedergewonnener Ruf erst ramponiert und dann, nach Bekanntwerden ihrer Beziehung mit dem damals noch verheirateten Schauspieler David Cameron, ruiniert. „Sünderin nun auch Ehebrecherin", titelt *Bild* 1959 gewohnt feinfühlig, woraufhin Dutzende deutscher Kleinstädte ihre Kinofilme auf den Index setzen.

Damit beginnt die eigentliche Karriere der Hildegard Knef. Denn was macht eine Frau, bei der Katastrophen und Triumphe zuverlässig einander abwechseln, die zwischen Pelzladen und Pfandhaus pendelt und bei der ein Blinddarmdurchbruch zu den harmloseren Gebrechen zählt („Museum des Grauens" nennt ein Arzt ihren Körper – da war sie grad mal 42 und hatte schon rund 50 Operationen hinter sich)? Sie nimmt ein Album mit dem Titel *So oder so ist das Leben* auf. Und das hat es im Wirtschaftswunderland, das mit Heimatfilmen und Heile-Welt-Schlagern den Verstand ins Wachkoma befördert, noch nicht gegeben: großstädtische Chansons, die von der Wirklichkeit erzählen. Atmosphärische Skizzen, bei denen sich Swing und Wehmut die Waage halten. Scharf gewürzt mit Selbstironie: *Von nun an ging's bergab* – spöttischer hat noch kein Künstler die eigene Laufbahn umschrieben.

Mit dem Erfolg wird sie wagemutig. *Knef*, das Album aus dem Jahr 1970, ist eine geniale Zumutung; eine aufregende Mischung aus Beat und Barmusik, Expressionismus und Pop. Seiner Zeit weit voraus floppt die LP. Doch das kann ihr egal sein. Denn im gleichen Jahr veröffentlicht sie ihre erste von drei Biografien. *Der geschenkte Gaul* wird weltweit zum bestverkauften deutschen Buch der Nachkriegszeit.

Von da an geht es tatsächlich bergab. Brustkrebs, Morphiumsucht, halbleere Hallen, Schulden, Ende des Plattenvertrags. Die Neue Deutsche Welle braucht keine Knef. Erst 1999 erlebt sie mit dem von Till Brönner produzierten *17 Millimeter* mal wieder ein Comeback. 2001 kleiden Club-DJs in *The Reform Sessions* ihre Lieder in House-, Drum 'n' Bass- und Chillout-Sounds. Kurz darauf, am 1. Februar 2002, stirbt sie. Seitdem vergeht kein Jahr ohne Wiederveröffentlichung. Manches Album, wie das abgeklärte *Knef sings, Kaempfert swings* (Originaltitel: *Eins & Eins*), verkauft sich heute besser als zu Lebzeiten. Sie ist selbst tot nicht totzukriegen, „die Knef".

Die Welt vor Alice Schwarzer

Wie die *Mad Men* zur Aufklärung beitragen (Staffel 1: 1960)

Willkommen in der guten alten Zeit: Der Arbeitstag beginnt mit einem Whiskey, die erste Packung Kippen ist zum Mittagessen aufgeraucht, und die neue Sekretärin erfährt eine Behandlung, als hätte sie in einer Rotlichtbar angeheuert, und nicht in der angesagtesten Werbeagentur New Yorks. Dort nämlich spielt *Mad Men*, Amerikas derzeit „Beste Dramaserie" (nicht nur nach Meinung der Golden Globe- und Emmy-Juroren).

Wobei die *Mad Men* – die erfolgreichen Werber der Madison Avenue – weniger verrückt sind, als der Titel glauben macht. Denn sie verhalten sich nicht so viel anders als die meisten ihrer Geschlechtsgenossen. In jenen Tagen ist es normal, wenn ein Frauenarzt das Rezept für die Pille mit der Warnung verknüpft, die Patientin möge sich nicht in einen „Wanderpokal" verwandeln. Es ist auch normal, wenn ein Werbetexter eine Firmenchefin anblafft, er lasse es nicht zu, dass eine Frau so mit ihm rede. Und es ist erst recht normal, dass Frauen wahlweise betrogen, begafft oder begrabscht werden. Plötzlich versteht man, was James Brown meinte, als er „It's a Man's, Man's, Man's World" ins Mikrofon keuchte. Der freie Westen wirkt mit einem Mal so

Zeitgeistentdeckung Nr. 32:
Von Zeit zu Zeit ist es gut, daran erinnert zu werden, warum der Feminismus trotz aller Verirrungen notwendig ist.

chauvinistisch wie der Nahe Osten. All jenen Girlies, die Feminismus für „altmodisch" und „überflüssig" halten, sei *Mad Men* daher nachdrücklich empfohlen – sie werden eine Ahnung bekommen, wogegen Alice Schwarzer eigentlich kämpfte.

Als die Gegenwart neu war

Wie die *Mad Men* zur Aufklärung beitragen (Staffel 5: 1966/1967)

Der Neid packt einen unvermittelt. Es geschieht in jenem Augenblick, als unser Serienheld, der charismatische Agenturchef Don Draper, ein Beatles-Album auf den Plattenteller legt. Doch dann ertönt eben nicht ein Schlager wie *I want to hold your hand* oder *Yesterday*, sondern *Tomorrow never knows*. Ein Song, bei dem Drogen im Spiel gewesen sein MÜSSEN. Plötzlich begreift man, dass es mal eine Zeit gab, in der die Beatles nicht als Evergreen-Fabrikanten galten, sondern als die aufregendste Band der Welt – und dass man dies gerne erlebt hätte.

Willkommen in der Gegenwart. Wir schreiben die Jahre 1966, 1967. Nicht nur die Beatles entdecken gerade, dass die Welt nicht in einem Vorstadtvorgarten endet, sondern irgendwo im fernen Indien oder noch weiter weg: in den Paralleluniversen von Marihuana und LSD. Und wo Drogen sind, ist der Sex nicht fern. Da trifft es sich gut, dass es jetzt überall die Pille gibt, was die Vereinigung vereinfacht.

Zeitgeistentdeckung Nr. 33: *Von Zeit zu Zeit ist es gut, daran erinnert zu werden, warum unser Leben so kompliziert geworden ist.*

Die Party kann begingen. Zumal endlich das nötige Kleingeld vorhanden ist. In den 60ern erlebt Amerika die längste ununterbrochene Boomphase seiner Geschichte. Binnen eines Jahrzehnts steigt das durchschnittliche Realeinkommen um 50 Prozent.

Selbst jene, die kein Geld haben, verfallen nicht der Depression. „I have a dream" hat ein gewisser Martin Luther King 1963 ausgerufen. Und viele, die den gleichen Traum haben – den von einer freieren und gerechteren Welt –, werden aktiv. Wobei Freiheit unterschiedlich interpretiert wird. Die einen gehen auf die Straße, die anderen fremd.

Zum ersten Mal in der Geschichte hat eine breite Gesellschaftsschicht die Möglichkeit, sich selbst zu verwirklichen. Zwar wird nach außen die Fassade aufrechterhalten, doch dahinter fängt das wilde Leben an. Genau diesen Moment des Umbruchs hält die fünfte Staffel von Mad Men fest.

Sie zeigt, wie Menschen aus ihrem Trott ausbrechen. Der Firmenchef verlässt nach einem LSD-Trip seine Frau. Die Werbetexterin gibt ihren Job auf, um Schauspielerin zu werden. Die Vorstadtgattin entdeckt den Spontansex mit Fremden.

Natürlich wissen wir, die wir in den 10er Jahren eines neuen Jahrhunderts leben, wie das Ganze enden wird: in einem üblen Kater. Denn Freiheit ist auch die Freiheit zu scheitern. Mehr darüber in Staffel 6.

Sean Connery – der letzte Kerl

Warum ein 83-Jähriger ein Idol bleibt

Sean Connery verbindet mehr mit Arnold Schwarzenegger als mit den übrigen Bond-Darstellern. Genau das ist sein Glück.

Erst war er Bodybuilder, nahm erfolgreich an der Mister-Universum-Wahl teil. Dann zog es ihn ins Filmgeschäft. Er machte sich einen Namen mit Actionstreifen, in denen es rustikal zur Sache ging. Schließlich entdeckte er die Politik. Auch hier ging er seinen Weg und half mit, dass die Scottish National Party 2007 die Wahlen zum schottischen Parlament gewann. Die Rede ist von Sean Connery, pardon: Sir Sean Connery.

Der Mann, der als James Bond schlechthin gilt. Dabei wäre Connery die Rolle um ein Haar verwehrt geblieben. Ausgerechnet Ian Fleming, der Autor der Bond-Romane, sperrte sich gegen den Emporkömmling, der zuvor als Milchmann, Aktmodell und Sargpolierer gearbeitet hatte. Fleming fluchte nach dem Casting: „So habe ich mir James Bond nicht vorgestellt. Ich suche einen Offizier und nicht einen verwilderten Stuntman." Doch seine Freundin belehrte ihn eines Besseren. Sie verwies auf Connerys „sexuelle Ausstrahlung " und behielt Recht. *James Bond jagt Dr. No* wurde zum Kassenschlager.

Um die Ausstrahlung Connerys zu verstehen, sollte man sich den Al-Capone-Western *The Untouchables – Die Unbestechlichen* anschauen. Connery spielt darin einen Cop irischer Abstammung. An Bond erinnert vordergründig gar nichts. Statt Toupet und Smoking trägt Connery Batschkapp (Schiebermütze) und Tweedjacket. Eleganz und Manieren – Fehlanzeige! Der Mann ist grobschlächtig, ungehobelt, eine Zumutung. Und dennoch eine Identifikationsfigur. Denn aus einem Sumpf korrupter Cops ragt Connery heraus wie ein Leuchtturm im Meer. Auch in dem Klosterkrimi *Der Name der Rose* übernimmt er den Part des Unbestechlichen.

Zeitgeistentdeckung Nr. 34:
Von Zeit zu Zeit ist es gut, daran erinnert zu werden, was Männer trotz aller Beschränktheit mal waren.

Mit Schauspielerei hat das nichts zu tun. Während Mimen wie Robert De Niro das „Method Acting" – das Antrainieren und Verinnerlichen einer fremden Persönlichkeit – auf die Spitze trieben, stellte Connery stets nur sich selbst dar. Sein schottischer Akzent trieb Legionen von Regisseuren zur Verzweiflung. Das englischsprachige Publikum aber störte sich nicht daran, dass ein spanischer Adliger (*Highlander*) und ein arabischer Scheich (*Der Wind und der Löwe*) plötzlich wie ein Milchmann aus Edinburgh klangen.

Diese Freiheit, als Schauspieler nicht schauspielern zu müssen, verbindet Connery mit Arnold Schwarzenegger. Beide sind Einzelgänger, die sich aus einfachen Verhältnissen emporgearbeitet haben, ohne dass sie sich verbiegen mussten. Nicht Connery passte seinen Bond den Vorstellungen von Fleming an, nein, es war Fleming, der in späteren Bond-Romanen für seinen Helden eine halbschottische Ahnengalerie erfand. So prägte Connery als Filmfigur

sogar die Romanfigur. Und vielleicht liegt darin der wahre Grund für Connerys Popularität. In einer Welt der Abhängigkeitsverhältnisse, in der selbst Führungskräfte letztlich nur Angestellte sind, agiert Connery autark und unabhängig. Er ist sein eigener Herr, der letzte echte Kerl. Kein Wunder, dass er von der Leserschaft des *People Magazine* zum „Sexiest Man" des 20. Jahrhunderts gewählt wurde. Zum Zeitpunkt seiner Wahl war Connery 69 Jahre alt.

Robert Bauer –
der Krieg ist nicht beendet

Erst gärt der Rebsaft, dann die Wut

Deutsche Weine genießen mittlerweile Weltruf. Einer, der daran Anteil hat, ist Robert Bauer. Doch der Weg zur Anerkennung war brutal. Bauers Kampf gegen den Amtsschimmel, den Neid und den Zeitgeist ist ein deutsches Lehrstück, das mit Wein nicht viel zu tun hat.

Ich hätte es wissen müssen: Wein ist eine bierernste Angelegenheit. Mein Gegenüber hat schon Schaum vorm Mund, bloß weil ich ihn gefragt habe, warum er keine süßen Weine mag. „Süß", so viel steht fest, ist ein Reizwort für meinen Gesprächspartner. Willkommen im Seminar für Lebensmittelkunde! Thema heute: Macht Zucker krank? Es referiert Robert Bauer, Winzer aus Flein bei Heilbronn.

Sagte ich „referiert"? Ich meinte „poltert", „donnert", „hämmert los". Robert Bauer braucht zum Reden kein Mikrofon. Seine Stimme ist laut, scharf, eindringlich. Wenn die Wut in ihm hochkocht, wird sie noch ein wenig eindringlicher. Und Bauer ist oft wütend. Er hat guten Grund dazu. Seine Geschichte ist die eines Einzelgängers, der mit Haken und Ösen bekämpft wurde. So lang, bis sich seine Gegner die Zähne an ihm ausgebissen hatten, die Sinnlosigkeit ihres Unterfangens erkannten und die Seiten wechselten – „if you can't beat them, join them!" Der Feind wurde zum Vorbild. Was Bauer noch wütender macht. Das Letzte, was er mag, sind Opportunisten. Er ist ein Mensch, der immer den steinigen Weg ging.

Schon damals in den späten 60ern, als der frisch gebackene Abiturient sich anschickt, sein Handwerk zu lernen. Doch der Besuch der Weinbauschule wird für den 19-Jährigen zur Heimsuchung. Es sind die Jahre, in denen alles Alte achselzuckend abrasiert wird. Bachläufe werden auf Linie gebracht, Jugendstilbauten für Betonbunker weggesprengt. Selbst der Weinberg wird zur Kampfzone für Kahlschläger. Jahrzehnte alte Rieslingreben werden aus dem Boden gerissen und durch Öchslebomben wie Ortega und Optima ersetzt, d. h. durch Neuzüchtungen, mit denen man, so Bauer, „auch noch in Schweden Spätlesen ernten kann."

Vor allem Weinbauschulen sorgen dafür, dass die Umwälzung im Wingert zügig voranschreitet. „Masse statt Klasse" steht auf dem Lehrplan für die Reb-Azubis. Ein Unterricht mit fatalen Folgen: Jungwinzer stürzen sich auf neue Traubensorten wie 30 Jahre später Jungbörsianer auf Neuer-Markt-Aktien. Und hier wie da scheint die Rechnung zunächst aufzugehen. Wer auf Optima setzt, erzielt Höchsterträge. Traditionsbewusstsein zeigt sich allenfalls noch in der Wahl des Automobils, die der trunken machende Wohlstand ermöglicht: Unter den zwei Millionen Strichachtern, die Mercedes zwischen 1968 und 1976 verkauft, gehen nicht wenige an Winzer, die ihren Rebstöcken immer größere Saftmengen abringen.

Bauer, der von zuhause anderes gewohnt ist, muckt auf. Sein Verständnis von Rebzucht und Kellertechnik kollidiert mit den Vorstellungen seiner Lehrer, die 2000 Jahre Wein-baugeschichte neu schreiben wollen. Gesegnet mit einem gesunden Selbstbewusstsein, legt er sich mit den Ausbildern an. „Es war alles so fürchterlich. Und in meinem jugendli-chen Leichtsinn sagte ich prompt: ‚Ihr wollt mir was beibringen? Ich kann euch was leh-ren!‘ “ Damit endet

Zeitgeistentdeckung Nr. 35:
Am Anfang jeder Protestbewegung steht ein Einzelkämpfer, der alle gegen sich hat.

das kurze Intermezzo an der Weinbauschule. Der aufmüp-fige Wertkonservative hat genug von Experimenten. Er lässt die engen deutschen Grenzen hinter sich, um in ein Land zu ziehen, das den ehernen Prinzipien des Weinbaus treu geblieben ist: Frankreich.

Dort, im Burgund, durchläuft er eine traditionelle Win-zerausbildung. „Traditionell“ heißt: Er lernt den Weinan-bau und -ausbau bei einem Patron, der sich um Labor-technik und Lebensmittelchemie nicht schert, sondern wie seine Vorväter der Kraft der Natur vertraut und diese in ihrem Wirken unterstützt – statt sie zu manipulieren. 1972 kehrt Bauer ins württembergische Flein zurück und über-nimmt das elterliche Weingut. Er ist nun 22 Jahre alt; ein junger Heißsporn, der sich vorgenommen hat, aus klassi-schen Rebsorten trockene Weine zu erzeugen. Mit anderen Worten: Der Ärger ist vorprogrammiert.

Noch vor dem ersten Schluck der Qualitätsweinprüfer kommt es zum Eklat. Anlass sind die Etiketten. „Sie wa-ren nicht knatschbunt. Und es gab weder einen Kirchturm zu sehen, noch einen Glatzkopf mit rotem Zinken und Weinkelch.“ Nur gibt es kein Gesetz, das schlichte, schnörkellose Etiketten verbietet. Also verfallen die Amtsschimmel auf einen juristischen Kniff. Sie monieren, dass die Prädikatsangabe um Millimeter zu klein ist. Die Etiketten werden eingezogen, und Bauer beschließt, fortan die Prädikatsangaben einfach wegzulassen. Eins zu null für ihn. (Ironie der Geschichte: Vier Jahrzehnte später verzichten immer mehr deutsche Winzer bei ihren trockenen Gewächsen auf Klassifizierungen). Kabinett und Spätlese gehören damit der Vergangenheit an.

Und bald auch der „Qualitätswein besonderer Anbaugebiete", der QbA. Wieder sind es die staatlichen Kontrolleure, die ihm Knüppel zwischen die Beine werfen. Sie verweigern seinen Weinen die amtliche Prüfungsnummer mit der Begründung, diese seien nicht regiontypisch – und haben damit nicht mal Unrecht. Denn der regiontypische Wein jener Jahre ist ein kandierter Kerner oder Müller-Thurgau, der jeden Diabetiker ins Zuckerkoma treibt. Bauers Gewächse hingegen sind knochentrockene Klassiker; Rieslinge, Weißburgunder und Chardonnays, die bis aufs letzte Gramm Zucker durchgegoren wurden. Es sind QUALITÄTS-Weine, die sich dennoch, laut behördlicher Verfügung, so nicht nennen dürfen. Doch wieder weiß Bauer den Fallstricken der Bürokratie zu entkommen. Er vermarktet seine Spitzentropfen kurzerhand als „Tafelwein" (der keine Prüfungsnummer braucht). Das ist zwar nicht im Sinne des Gesetzgebers, der diesen Titel für die Paria unter den Rebsäften reserviert hat, bloß gibt es keinen Paragrafen, der es verböte, einen Landwein für 20 Mark zu verkaufen. Zwei zu null für Robert Bauer.

Der Anschlusstreffer lässt nicht lang auf sich warten. Das Imperium schlägt zurück. Und einmal mehr ist es die amtliche Prüfungsnummer, an der alles hängt. Bauer benötigt diese, um seinen Sekt rechtzeitig zum Weihnachtsgeschäft anbieten zu können. Doch die Kontrolleure lassen sich Zeit. Sie wissen: ohne Prüfungsnummer keine Verkaufserlaubnis, ohne Verkaufserlaubnis kein Weihnachtsgeschäft! Dass dahinter Schikane steckt, muss der streitbare Winzer schon bald erfahren. Kaum sind die Feiertage vorbei, stehen die Prüfer in seinem Keller und zählen nach, ob heimlich Sekt veräußert wurde. Es sind Episoden wie diese, die erklären, warum sich Bauer von Feinden umgeben sieht. Die vermeintlich so sorglosen und ungezwungenen 70er waren für ihn eine Zeit des Krieges. Er kämpfte gegen vorschriftsfixierte Beamte, gegen verknöcherte Funktionäre und vor allem: gegen den Zeitgeist.

Der schrie und schreit, so Bauer, nach „Turboweinen"; nach Weinen, „die durch die Chemietechnik gedroschen werden." Ihn packt das Grauen, wenn er daran denkt, wie ein Erzeugnis der Natur verfremdet und verpfuscht wird. „Man setzt die Trauben Enzymen aus – sprich: genetisch veränderten Mikroorganismen –, damit Farben und Aromen entwickelt werden, die vorher nicht vorhanden waren. Und dann wundert sich der ahnungslose Weintrinker, warum er Allergien und Alpträume kriegt." Er hält auch nichts davon, einen Wein mittels Barrique geschmacklich zu verändern. „Man macht Versuche mit Holzfässern und verkauft diese Versuche auch noch als Wein."

Bauer kennt den gnadenlosen „Vinifikations-Triathlon" allzu gut. Er weiß, wie minderwertiger Traubenmost durch

Kochen, Konzentrieren und Süßen frisiert werden kann. Mit Grauen erinnert er sich an seine Zeit auf der Weinbauschule: „Manchmal glaubte ich, in einer Medizinvorlesung zu sitzen. Es ging um Vakuumverdampfer und Umkehrosmose – als wäre Wein eine Krankheit, die mit Hightech behandelt werden müsste." Sein Resümee: „Dort lernt man, wie am Ende eine dicke dunkle Brühe rauskommt, die Medaillen gewinnt."

Bauers Weine haben niemals Preise gewonnen. Sie finden sich in keinem der gängigen Weinführer, die Jahr für Jahr Schicksal spielen, indem sie Weine mit 96 Punkten (Hurra!), 89 Punkten (Prima!), 83 Punkten (Na ja ...) oder 78 Punkten (Aua!) bewerten. Als überzeugter Zweifler beteiligt er sich nicht an derartigen „Olympiaden". Er hält den Testmodus für aberwitzig. „Ein einziger Schluck soll Auskunft geben über einen Wein? Das begünstigt Blenderweine und geht am Konsumenten vorbei. Weintrinker wollen auch mal eine ganze Flasche trinken ohne Angst vor dem Morgen danach." Ein klarer Pluspunkt für Bauer: „Bei unseren Tropfen muss man vorm Schlafengehen kein Aspirin einwerfen."

Auch tun ihm die Kollegen leid, die durch Vergleichstests immer größerem Druck ausgesetzt werden. „Wo sind denn all die Winzer geblieben, die in den letzten Jahren hochgeschrieben wurden? Gestern Top, heute Flop." Diesen Stress mag Bauer sich nicht antun. „Wir machen keine Weine für Verkoster, sondern für Weintrinker." Aber müssen die Weine deshalb gleich so trocken sein? Was spricht gegen Restsüße? Bauer blickt mich an, als hätte ich ihm vorgeschlagen, seinen Most mit Aprikosenkompott anzu-

reichern. Er holt tief Luft, schnaubt. Wäre ich sein Arzt, würde ich mich jetzt um seinen Blutdruck sorgen. Dann donnert er los: „Ich will keine Marmelade im Glas. Die meisten deutschen Weine sind süß, weil man sie ohne Zucker nicht trinken kann. Nur in Deutschland gilt ein Riesling mit neun Gramm Restzucker als 'trocken'. Dann schmeckt er wenigstens nicht mehr ganz so sauer."

Die Gründe für die bescheidene Qualität des deutschen Durchschnittsweins sieht Bauer im Weinberg. „Wenn die Trauben nichts taugen, können Sie sich im Keller auf den Kopf stellen." Und warum taugen die Trauben nichts? „Weil ständig neu gepflanzt wird. Dabei müsste längst bekannt sein, dass eine Rebe 20 Jahre braucht, um gute Qualität zu liefern." Erst dann nämlich reichen die Wurzeln so tief, dass sie jene Schichten des Bodens erreichen, wo die Nähr- und Mineralstoffe sich breit machen. Auch sinkt mit zunehmendem Alter die Ertragsmenge. Der Weinstock liefert zwar weniger Saft, aber dieser ist extraktreicher. Qualität statt Quantität. „Doch alte Reben passen nicht ins deutsche Industriedenken. Es ist pervers, dass alte Weinberge nichts wert sind."

So spricht ein Traditionalist, der Avantgardist sein muss, um sein Ziel zu erreichen. „Wir gehen einen Schritt voraus, wagen etwas, und irgendwann ziehen die anderen nach." Er war der erste deutsche Winzer mit schlichten Etiketten, der erste, der auf Prädikate verzichtete, der erste, der auf alte Reben setzte, und der erste, der seine Weine durchgären ließ. Eigentlich könnte Bauer stolz sein, aber er traut dem Erfolg nicht: „Der Krieg ist nicht beendet. Er geht nur im Stillen weiter."

Doch dieser Krieg hat viel Kraft gekostet. Der 63-Jährige lebt heute in Frankreich, im Burgund. Sein Weingut in Württemberg hat er an den 37-jährigen Martin Albrecht verkauft. Eine Entscheidung mit Weitblick. Denn von Süßen und Frisieren hält Albrecht genauso wenig wie Bauer. Die Geschichte des reinen Weins erlebt ihre Fortsetzung.

Zum Weitertrinken
Weingut Robert Bauer, Heilbronner Straße 56, 74223 Flein. Fon: 0 71 31 – 25 16 62, www.robertbauerflein.de

Michael Jackson – der verkannte Revolutionär

Wie psychische Probleme große Kunst hervorbrachten

Als *Thriller* im Herbst 1982 auf den Markt kam, löste es ein Beben aus. Es war das erste Album, das die Trennung zwischen weißer und schwarzer Musik aufhob. Doch Michael Jackson begriff nicht, dass man eine Revolution nicht wiederholen kann.

Am Anfang war die Identitätskrise, war der Minderwertigkeitskomplex: Michael Jackson wollte – derb gesagt – kein „Neger" mehr sein. Das war unübersehbar; die Nase wurde immer schmaler. Und unüberhörbar.

Dabei hatte er mit schwarzer Musik große Erfolge gefeiert. Gleich sein erstes Soloalbum *Off The wall* (1979) – ein magischer Mix aus Soul und Disco – verkaufte sich weltweit 20 Millionen Mal. Für die Single *Don't stop 'til you get enough* erhielt er gar einen Grammy in der Kategorie Rhythm & Blues. Doch genau das war das Problem. Die Rhythm & Blues-Grammys gewannen fast immer die Afroamerikaner – „der schwarze Mann" hat halt Soul (wenn er nicht grad den Blues hat). Die Rock- und Pop-Grammys kassierten hingegen die Weißen.

Michael Jackson aber wollte keine Soul-Legende werden, kein zweiter Marvin Gaye, sondern der „King of Pop". Also ging er beim Nachfolgealbum *Thriller* (1982) aufs Ganze. Er holte er sich für *The girl is mine* den britischen Pop-König, Paul McCartney, ins Studio und für *Beat it* den Vorzeigerocker Eddie Van Halen. Der ließ ein wenig die Gitarre aufjaulen, und das klang weder weiß noch schwarz, sondern einfach nur cool. Das fanden zumindest die Teenager. Sie dachten: „Das ist die geilste Musik, die es je gegeben hat." Und sie hatten sogar recht. Es fällt schwer, sich heute vorzustellen, dass Michael Jackson mal hip war; das Heißeste und Aufregendste, was die Hitlisten zu bieten hatten. Eine Diskothek, die 1983 und 1984 nicht *Billy Jean* und *Thriller* spielte, hätte ebenso gut dichtmachen können.

Zeitgeistentdeckung Nr. 36:
Revolutionäre können nur ein Mal siegen. Darin liegt ihre Tragik.

Und alle warteten auf das neue Michael-Jackson-Album. Doch es kam nicht. Nicht 1985 und nicht 1986. Stattdessen kam ein gewisser Prince und entwickelte dessen Erfolgsrezept – einen Stilmix, bei dem keiner mehr durchblickte – konsequent weiter. Als Jackson 1987 schließlich *Bad* veröffentlichte, war es zu spät. Monate zuvor hatte Prince mit *Sign o' the Times* einen Meilenstein gesetzt. Verglichen damit war *Bad* nur ein fader Aufguss von *Thriller*. Aber wer mag schon Aufgüsse! Die Verkaufszahlen plumpsten von über 100 Millionen auf 30 Millionen – für Michael Jackson ein Debakel.

Damit begann der Abstieg. Mit jedem Album nahmen die Verkäufe weiter ab. Und auch die Kritiker verloren das Interesse. Jacksons letztes reguläres Album, *Invincible* (2001), wurde mitleidig belächelt. Von Genialität sprach keiner mehr. Als er 2009 starb, war er musikalisch erledigt.

Und menschlich sowieso. Ein Freak, dessen Privatleben Beklemmung auslöste.

Seit seinem Tod wird er als Musiker wiederentdeckt. Wie Abba und Queen erlebt er eine Wiederauferstehung auf der Showbühne. *The Immortal World Tour* des Cirque du Soleil ist europaweit ein Abräumer. Ein guter Anlass, *Thriller* noch einmal auf den Plattenteller zu legen und sich daran zu erinnern, wie revolutionär das Album seinerzeit war. Es ist kein Zufall, dass der erste Song der Platte, *Billie Jean*, auch der erste Song eines Schwarzen war, der je auf MTV gespielt wurde – die weißen Kids wollten es so. Und so riss der Mann, der kein Schwarzer mehr sein wollte, nicht nur musikalische Grenzen nieder, sondern auch gesellschaftliche. Dass sich solch eine Leistung nicht wiederholen lässt, hat Michael Jackson nie begriffen. So musste am Ende auch er die bittere Erfahrung machen: Die Revolution frisst ihre Kinder.

Stephan Sulke –
der Schöne-Lieder-Macher

Gern gehört seit 1976. Warum Stephan Sulke längst ein Klassiker ist.

Zum Star hat es nie gereicht. Doch an einem Künstler, dessen Songs auch nach Jahrzehnten noch aktuell klingen, muss etwas dran sein.

Nein, er schlug nicht ein wie ein Blitz. Weder traf er den Nerv der Zeit, noch wurde er zum Sprachrohr einer Bewegung oder Generation. Er füllte auch nie Stadien oder Großraumhallen, sondern bestenfalls die mittelgroßen Säle der Kulturzentren. Und als ihm schließlich doch noch so eine Art Mini-Gassenhauer gelang, da war es ausgerechnet ein etwas albernes Liedchen (*Uschi*), das für Stephan Sulke so typisch war wie ein Hochdeutsch-Song für Wolfgang Niedecken.

Nein, ein Star war er nie. Dabei legte er 1976 einen Traumstart hin. Kein Geringerer als Rudi Carrell holte ihn, der bis dato noch nie vor Publikum aufgetreten war, in seine Samstagabendshow *Am laufenden Band*, und pries ihn an mit den Worten: „Er hat eine Langspielplatte geschrieben mit für mich wahnsinnig schönen Liedern; ich liebe diese Lieder."

Das hätte der Startschuss für eine große Karriere sein können. Doch in einer Zeit, in der das Schubladendenken sogar den Musikgeschmack bestimmte, passte Sulke nirgends

richtig hinein. Den Schlagerfreunden war er zu anspruchs-
voll, den Liedermacherfans zu unpolitisch, und als Tee-
nie-Idol taugte er schon gar nicht. Er, der mit 33 Jahren
als „Nachwuchskünstler des Jahres" ausgezeichnet wurde,
war definitiv zu spät dran für ein wildes Rockstar-Leben.

Zeitgeistentdeckung Nr. 37:
Die Liebe ist zeitlos. Darin liegt etwas Beruhigendes.

Es hätte auch nicht
zu Sulke gepasst. Wenn er singt, „bin der Typ von nebenan,
bin kein besondrer Mann", dann ist dies nur vordergründig Koketterie eines künstlerisch Hochbegabten. Sulke
fehlt das Schnoddrige eines Udo Lindenberg, das Pathos
eines Konstantin Wecker und das Charisma eines Udo
Jürgens. Er taugt nicht zur Rampensau. Vielmehr strahlt
er eine Zurückhaltung aus, die man in einer Branche der
Selbstdarsteller nicht erwarten würde. Den größenwahn-
sinnigen Starzirkus mit all seinen Begleiterscheinungen
hat er nie mitgemacht. Selbst in seiner Glanzzeit bis Mitte
der 80er war Sulke kein Mann für Groupies, sondern für
Beziehungen.

Dass es dabei selten glattlief, machte ihn zum Verbün-
deten seiner Zuhörer, die sich in den Höhen und Tiefen
seines Gefühlslebens wiedererkannten. Gleich seine erste
Single *Lotte* gab die Richtung vor. Keiner konnte so trau-
rig-schön über die Liebe (und deren Verlust) singen wie er.
Abgründe inklusive: Da gibt es „die Andre", die er mehr
liebt als die Partnerin, und jene Frau, die er nicht mehr los-
wird, obwohl er „nur mal mit ihr schlafen" wollte.

Plakativ oder gar platt klang das nie. In einer Zeit, in der
von Liedermachern große Gesten und Parolen erwartet

wurden, war Sulke ein Mensch der leisen, melancholischen Töne. Statt auf das Weltgeschehen richtete sich sein Blick auf seine unmittelbare Umwelt. Sulke lieferte kleine Geschichten, hingehuschte Skizzen. Zum Beispiel von dem *Mann aus Russland*, mit dem er eine Nacht durchsoff, oder von der „dicken Ulla", einer Hure, die ihr „hoffnungsvolles Leben am falschen Ort vergeben" hat. Anders als mancher betont sozialkritische Rocksong jener Jahre, der einen heute fremdschämen lässt, sind Sulkes Kompositionen gut gereift. Sie wirken zeitlos. Rudi Carrell hätte gesagt: „Wahnsinnig schöne Lieder."

Ferris macht blau – Überleben in der Erwachsenenwelt

Warum Ferris Bueller der wahre Held der 80er ist

Keine unnötigen Fesseln im Sexualstrafrecht, kein Radikalenerlass und keine Nazi-Professoren mehr – trotzdem mag niemand feiern. Außer Ferris, der blaumacht.

Zu den großen Mythen unserer Tage zählen die 80er. Eine Dekade, die mit jedem Jahr heller, schöner und großartiger erstrahlt. Wenigstens in der Erinnerung. Längst gelten die 80er als das unbeschwerteste Jahrzehnt des letzten Jahrhunderts. Selbst jene, die einst das Zentralorgan der Popkultur – *Tempo* – verdammten, plappern heute bei jeder Retro-Schwärmerei dessen Leitsatz nach: „Anything goes!"

Gar nichts ging. Es mag schon sein, dass an der Wall Street junge Spekulanten feierten (Aktien) und in Chicago und Detroit junges Partyvolk (House und Techno). Und sicher stimmt es auch, dass in Politik (Gorbi) und Mode (Vivienne Westwood) plötzlich der Punk los war. Nur bekam man davon in der Bundesrepublik jenseits der Metropolen herzlich wenig mit. Erst recht nicht 1986, einem Jahr, in dem jung sein eine Strafe war.

Natürlich wegen Tschernobyl, das der alten Rock 'n' Roll-Maxime „Live fast, die young" eine neue, makabre

Bedeutung verlieh. Und bestimmt auch wegen Wackersdorf, an dessen Bauzaun Vater Staat dem Nachwuchs einbläute: Rebellion bringt keine Coolness, sondern Beulen und Tränen. Schön anzuschauen war das nicht.

Und wer nicht sehen wollte, musste hören. Was nicht minder gruselig war. Denn der Soundtrack zum Zeitgeist hieß in Deutschland nicht *Flashdance* oder *Footloose*, sondern BAP. Musik gewordene Depression, Sinnkrise in Kölsch-Moll. Es ist kein Zufall, dass Wolfgang Niedecken zum Symbol einer Generation wurde, die Selbstmitleid mit Sensibilität verwechselte. Der BAP-Sänger war der Bezugspunkt all jener, die nicht mal ahnten, dass sie in der besten aller Welten lebten.

Dabei hätte ein Blick zurück genügt, um dies zu erkennen. Wie sehr hatte sich die Bundesrepublik seit den 60ern und 70ern entkrampft! War lockerer geworden, entspannter, toleranter. Weit und breit keine Nazi-Väter, Nazi-Lehrer, Nazi-Professoren mehr. Der Radikalenerlass bestand nur

Zeitgeistentdeckung Nr. 38:
Die Erwachsenenwelt ist schrecklich.

noch auf dem Papier. Kupplungs- und Unzuchtsparagraf waren ersatzlos gestrichen. Die Sittenpolizei, die unverheirateten Paaren und Schwulen das Leben schwergemacht hatte, war längst ins Rotlichtmilieu abgezogen. Und auch sonst zeigte sich die Obrigkeit (wenn sie nicht gerade Militärbasen oder Kernkraftwerke verteidigte) von ihrer Laissez-faire-Seite. Die großen gesellschaftlichen Schlachten waren erfolgreich geschlagen, die Party hätte beginnen können.

Doch einer der wenigen, der dies begriff, war ein amerikanischer Schulschwänzer, der nicht einmal real existierte. Ferris Bueller war eine Kunstfigur, ausgedacht von John Hughes, der in seinen Drehbüchern und Teenagerfilmen (u. a. *Breakfast Club*, *Pretty in Pink*) nie Individuen zeigte, sondern immer nur Stereotypen: die verwöhnte Prinzessin, der Rebell, das Aschenputtel, der Streber. Und eben Ferris, das Idealbild eines Jugendlichen – pfiffig, lässig, lebensfroh – und damit der perfekte Gegenentwurf zum typischen Erwachsenen. Der nämlich ist in *Ferris macht blau* wahlweise träge-dröge (der Vater) oder verbiestert-verbissen (der Schuldirektor). Erwachsene sind bei John Hughes nie Vorbild, sondern stets nur Ärgernis. Sie machen Jugendlichen das Leben schwer, engen sie ein, gängeln sie. Sie sind der natürliche Feind, den es zu überlisten gilt. Wenn Ferris zum Zuschauer spricht (und das tut er häufig), verkündet er Guerilla-Strategien zum Überleben in einer sterbenslangweiligen Erwachsenenwelt.

Doch diese war, im Gegensatz zu Ferris, leider real. Deshalb ist *Ferris macht blau* auch weniger ein Unterhaltungsstreifen (wiewohl er als solcher hervorragend funktioniert) als ein Agitationsfilm, der in jeder seiner 103 Minuten die Botschaft raushaut: Carpe diem! Nutze den Tag! (Und sei es zum Blaumachen). Oder um mit den Worten des verkannten Philosophen Ferris Bueller zu sprechen: „Das Leben geht ziemlich schnell vorbei. Wenn du nicht ab und zu stehen bleibst und dich umsiehst, könntest du es verpassen." Wir, die wir die deutsche Tristesse des Jahres 1986 satthatten, verstanden sofort.

Zum Weiterschauen
St. Elmo's Fire

Marc Fischer –
Chronist des prallen Lebens

2011 sprang Marc Fischer in den Tod. Gut, dass wenigstens seine Texte weiterleben.

Es ist nicht fair, dass manche Menschen erst sterben müssen, um die Anerkennung zu erhalten, die sie schon zu Lebzeiten verdient gehabt hätten. Zum Beispiel der Journalist Marc Fischer. Wobei „Journalist" nicht ganz zutrifft. Wenn Fischer Menschen und Orte besuchte, ging es nicht ums Sammeln und Sortieren von Fakten, sondern um *Die Sache mit dem Ich*, so der Titel seiner Reportagensammlung.

Also um Gefühle. Um die Frage: Wie wirkt das, was ich gerade höre und sehe, auf mich? Das konnte so weit gehen, dass er sich bei einem Termin mit Kate Moss in sie verliebte und dieses Verliebtsein so punktgenau beschrieb, dass man als Leser Kate Moss plötzlich gut fand, nur weil Marc Fischer sie so gut fand. Oder man las seine Beschreibung einer After-Work-Party und wähnte sich schon nach wenigen Zeilen mitten im Getümmel, neben ihm stehend und jeden seiner Kommentare abnickend. Dies gelang ihm durch seine Sprache – so cool und warmherzig, so spielerisch leicht und ernst zugleich schrieb sonst keiner –, vor allem aber durch seine Haltung: In der Welt des Marc Fischer gab es kein uninteressantes Thema, solange man sich mit Haut und Haar darauf einließ (selbst wenn es Ka-

Zeitgeistentdeckung Nr. 39:
Ein anderes Leben ist möglich.

raoke war). Diese Sehnsucht nach dem prallen Leben endete am 2. April 2011 im Alter von 40 Jahren. In einem der Nachrufe heißt es: „Es ist so komisch, dass Marc tot ist, weil er immer viel lebendiger war als die meisten anderen."

Zum Weiterlesen
Helge Timmerberg: *Tiger fressen keine Yogis*

George Michael –
ein Star wie Du und ich

Warum George Michael uns seit Jahrzehnten emotional begleitet

1981 wurde Wham! gegründet. Mehr als 30 Jahre später ist George Michael immer noch groß im Geschäft. Höchste Zeit für eine Würdigung.

Alles ging den Bach runter. Fabriken verkamen, Städte verfielen. Anfang der 80er Jahre lag England wirtschaftlich danieder. Vor allem für Jugendliche sah die Zukunft düster aus. Für viele war das Abschlusszeugnis das Ticket in die Arbeitslosigkeit. Entsprechend trostlos war die Musik: wütender Punk, depressiver New Wave. Bis der 18-jährige George Michael, unterstützt von seinem Kumpel Andrew Ridgeley, den Spieß einfach umdrehte. „I may not have a job, but I have a good time" („Ich hab vielleicht keinen Job, aber dafür Spaß") frohlockte er im *Wham Rap*. Und alle jungen Menschen, die sich ebenfalls die Laune nicht vermiesen lassen wollten, stimmten mit ein.

Damit begann eine Karriere, die auf ihre Art einzigartig ist. Die Haudegen des Rock – die Stones, Springsteen, AC/DC – erzählen seit gefühlten 100 Jahren die gleiche Geschichte. Die Kunstfiguren des Pop – Madonna, Lady Gaga – wechseln schneller ihre Identität als ihre Korsage. George Michael aber lebt einfach, und alle paar Jahre bringt er ein Album auf den Markt, das davon berichtet, was in

der Zwischenzeit mit ihm passiert ist. Auf diese Weise lässt er die Zuhörer seit drei Jahrzehnten an seiner Entwicklung teilhaben. Das Spannende daran: So außergewöhnlich George Michael als Komponist und Sänger ist, so stinknormal kommt er einem als Mensch vor. Erst war er der Teenager, der im *Club Tro-*

Zeitgeistentdeckung Nr. 40:
Wir brauchen unsere Stars – weil sie ein Leben führen wie wir.

picana nicht genug feiern konnte, dann der junge Mann, der das Ende der ersten großen Liebe (*Careless Whisper*) so pathetisch-selbstmitleidig betrauerte, wie es nur junge Männer tun. Als Mittzwanziger – gereifter und selbstbewusster, und das bei hohem Testosteronspiegel – forderte er *I Want Your Sex* und ermahnte sich, sein Herz nicht an den nächstbesten Menschen zu verschenken (*Faith*). Anfang 30, auf dem Album mit dem vielsagenden Titel *Older*, dämmerte ihm, dass die wilden Jahre vorbei waren: „My friends got their ladies, they're all having babies"/ „Meine Kumpel sind liiert, alle haben sie Babys" (in: *Fast Love*). Mit 40, rechtzeitig zur Lebensmitte, zog er erste Bilanz. Er setzte sich mit seinen Wurzeln auseinander. Kindheit und Jugend waren auf einmal wieder präsent (*Round Here*). Das obligatorische Familiengeheimnis wurde gelüftet (der schwule Onkel, der nicht aus seiner Haut konnte, in: *My Mother Had A Brother*).

Das alles ist eigentlich unspektakulär. George Michaels Songs sind wie ein offenherziges Gespräch unter Freunden. Sie erzählen von den Höhepunkten und Tiefschlägen des Lebens und davon, welche Spuren diese in der Seele hinterlassen haben. Doch sie tun dies auf eine Weise, die anrührt und berührt. George Michael findet die richtigen Worte und vor allem die richtigen Töne. Schön, dass man ab und an Gelegenheit hat, sich davon auch live zu überzeugen.

Christian von Boetticher – Liebe in den Zeiten von Facebook

Warum die Geschichte des Christian von Boetticher eigentlich traurig ist

Ein 39-jähriger Politiker, der eine Beziehung zu einer 16-Jährigen beginnt. Das klingt wie ein Abklatsch von *Lolita*. Tatsächlich ist es eine Story über Feigheit in Zeiten des Karrierismus.

Natürlich hat alles ganz unverfänglich angefangen. Er wird einen Gruß hinterlassen haben, und sie hat zurückgegrüßt. Oder umgekehrt. Bei Facebook, dort, wo alle Freunde sind und es so locker-flockig zugeht, dass man nicht merkt, wenn es ernst wird.

Er wird sich nichts dabei gedacht haben. Ein Mailkontakt mit einer 16-Jährigen in einem sozialen Netzwerk, was ist schon dabei? Er hat es als nett empfunden, eine willkommene Ablenkung zu seinem oft ermüdenden Alltag. Einfach mal losplaudern, ohne Redemanuskript und ohne Berater, der einem sagt, wie welche Aussage in der Öffentlichkeit rüberkommt.

Und sie hat geantwortet. Immer wieder. Nach und nach haben sich beide in Rage geschrieben. Mit unbedachten Worten einander hochgeschaukelt. Und irgendwann, da hat er sich dabei ertappt, dass er auf ihre Mails wartete. Sich wie ein verliebter Teenager freute. Und so wird sich das auch angefühlt haben, als er mit ihr im Hotel landete. Nicht wie eine Affäre, sondern wie „schlichtweg Liebe". Etwas, das nach zahllosen schriftlichen Bekundungen und Schwüren einfach passieren musste. Danach hat er mit ihr Händchen gehalten, und alles war gut. Erst später, nachdem der erste Rausch verflogen war, kamen die Skrupel. Die Angst um sein anderes Leben, um seine Karri-

Zeitgeistentdeckung Nr. 41:
Auch im 21. Jahrhundert vermögen Liebe und Triebe Karrieren zu zerstören.

ere. Er bat sie um eine Auszeit bis zu ihrer Volljährigkeit – das war sein erster Fehler. Denn Verliebtheit kann man nicht auf Termin legen. Gefühle lassen sich nicht schonend einfrieren und nach Belieben wieder auftauen. Sie wusste dies und lehnte ab.

Danach beging er den zweiten Fehler. Er hat geglaubt, er könnte sein Leben einfach zurückspulen. So tun, als hätte es sie nie gegeben. Also hat er seine alte Beziehung wieder aufleben lassen. Er wird Reue bekundet und seiner Langzeitfreundin das Blaue vom Himmel versprochen haben. Danach ist er mit ihr nach Amerika geflogen und hat sie geheiratet. Panik nennt man das. Es war das Eingeständnis, dass er angreifbar war.

Als der Angriff dann kam, hatte er nichts mehr entgegenzusetzen. Er mühte sich erst gar nicht, den Schein zu wahren. Er wusste ja längst: Er hatte seine Liebe der Karriere geopfert. Doch erst jetzt – auf jener Pressekonferenz, bei der er seinen Rücktritt erklärte – erkannte er, dass dieses Opfer überflüssig und sinnlos gewesen war. Weil er zuvor – in jenen besinnungslosen Wochen des Gefühlsüberschwangs – seine Karriere der Verliebtheit geopfert hatte.

Und also weinte Christian von Boetticher. Es war Selbstmitleid. Dort oben auf dem Podium, von Parteifreunden
umgeben und von allen verlassen, begriff er, dass er jetzt
nicht mal mehr die Liebe hatte.

Bettina und Christian Wulff – Liebe in Zeiten des Kapitalismus

Warum Bettina und Christian Wulff typische Vertreter ihrer Epoche sind

Das war die Ausgangslage: Sie hatte ihr Studium abgebrochen, verdingte sich in PR – Karriereaussichten eher mau. Er war ein nicht mehr taufrischer Ministerpräsident – nett, aber hoffnungslos bieder. Beide suchten Veränderung. So kam man ins Geschäft.

Es war die klassische Win-Win-Situation: Er verhalf ihr zu sozialem Aufstieg und (gepumptem) Luxus, sie verlieh ihm Glamour und Jugend. So profitierten beide Seiten. Die lukrative Zusammenarbeit besiegelten sie per unbefristetem Vertrag (Der Volksmund spricht von „Ehe").

Dann lief in seinem Leben einiges schief. In ihren Augen war er vertragsbrüchig geworden – von sozialem Abstieg war nie die Rede gewesen. Sie schickte ihm eine 224-seitige Abmahnung. Diese gelangte unter dem Titel *Jenseits des Protokolls* an die Öffentlichkeit.

> **Zeitgeistentdeckung Nr. 42:**
> *Karl Marx hat immer noch recht: Das gesellschaftliche Sein bestimmt das Bewusstsein.*

Nun wusste jeder, dass die Geschäftspartnerschaft nur noch auf dem Papier bestand.

Und mittlerweile nicht einmal mehr dort. Sie verkündete die Vertragsauflösung, die Regresspflicht liegt bei ihm. Man munkelt, sie arbeite bereits an einem neuen bilateralen Projekt. Für ihn – gesellschaftlich insolvent – dürfte es schwieriger werden, einen Kooperationspartner zu finden.

Mitleid ist dennoch fehl am Platz. In Zeiten, in denen auch die Liebe den kapitalistischen Gesetzen von Angebot und Nachfrage gehorcht, ist es normal, dass mancher Marktteilnehmer auf der Strecke bleibt.

Zum Weiterlesen
Maxim Biller: *Liebe heute. Short stories*

Selbstverwirklichung – was zuletzt geschah (seit 1776)

Statt eines Schlussworts

Natürlich sind die Amis mal wieder an allem schuld. In ihrer Unabhängigkeitserklärung 1776 begnügten sie sich nicht mit den üblichen Floskeln zu Freiheit und Gleichheit, sondern legten noch eine Schippe drauf. „The Pursuit of Happiness" – das Streben nach Glück, also die Selbstverwirklichung – wurde zum Grundrecht erhoben.

Ungefähr zur gleichen Zeit veröffentlichte ein Mann namens Johann Wolfgang von Goethe einen ziemlich schwülstigen Roman über einen pubertären Jüngling, der aus unerfüllter Liebe Selbstmord begeht. „Die Leiden des jungen Werther", das war die deutsche Variante des „Pursuit of Happiness". Und weil das Streben nach Glück so herzzerreißend kitschig beschrieben wurde, wollten plötzlich viele pubertäre Jünglinge unglücklich verliebt sein (und die besonders empfindsamen brachten sich gar um).

So wurde der Keim zu einem der großen Missverständnisse der Menschheitsgeschichte gelegt. Bis dato hatten sich die Menschen damit beschieden, irgendwie über die Runden zu kommen. Eine Missernte, eine Seuche, ein Landesfürst, der gerade Lust auf Krieg hatte – wo nicht einmal die körperliche Unversehrtheit gewährleistet war, war Glück bloß Synonym für Überleben. Wer seinen vierzigsten Namenstag (denn der Geburtstag des Schutzheiligen war wichtiger als der eigene) auf einer Festwiese und nicht unter der Grasnarbe beging, war ein Glückspilz – oder ein Unglücksrabe. Alles Ansichtssache. Noch im 17. und 18. Jahrhundert – ein Zeitalter, das später den Stempel „Aufklärung" verpasst bekam – war es mit Selbstverwirklichung nicht weit her. Wer als Sohn eines Schuhmachers geboren wurde, würde, sofern er Kindheit und Jugend überlebte, als Schuhmacher enden. Weil Opa, Uropa und Ururopa ja auch schon Schuhmacher gewesen waren. Zunft nannte man das. Weil es besser klang als Zwang.

Fremdbestimmung auch im Privatleben. Papa entschied, wen der Nachwuchs ehelichen durfte. Dass Menschen aus Liebe heirateten, überstieg die Vorstellung der damaligen Gesellschaft. Bis der junge Goethe und die noch jüngere USA die Leute auf andere Ideen brachten.

Doch es dauerte noch ein Weilchen, bis die Selbstverwirklichung zum Massenphänomen wurde. Umstürze, Wirtschaftskrisen, Kriege, Weltkriege sorgten dafür, dass die zarte Blüte Wohlstand – Voraussetzung für jede Art von individueller Lebensgestaltung – immer wieder platt-

gewalzt wurde. Erst das Wirtschaftswunder der 50er und 60er Jahre legte die Grundlage dafür, dass Menschen anfingen, über andere Dinge nachzudenken als den Speiseplan des kommenden Tages. Ohne Wohlstandsbauch kein hungriges Herz. Ohne Ludwig Erhard keine Uschi Obermaier und kein Rainer Langhans.

Natürlich hatte es auch vorher Leute gegeben, die die Sau rausließen. Wer eine Harald-Juhnke-Biografie liest, staunt, welche Exzesse selbst in den miefigen 50ern möglich waren. Doch Lebemänner wie Juhnke waren Einzelfälle; sie fanden nur wenige Nachahmer. Ausschweifungen waren für die meisten Menschen allenfalls als kurze Auszeit zwischen Arbeitszwang und Ehefron denkbar: Zuhause wartete der aufgewärmte Blumenkohl, in der

Firma die aufgeknöpfte Bluse. Mit Selbstbestimmung hatte das Ganze nichts zu tun. Der Fremdgänger führte zwei grundverschiedene Leben und war in keinem richtig daheim.

Es war schon paradox: Junge Liebende traten vorschnell vor den Traualtar, um der Illegitimität zu entkommen und fern von Waldböden und Autositzen Sex zu haben (der Kuppelparagraf verbot die Vermietung von Wohnungen an unverheiratete Pärchen). Mit dem Ergebnis, dass nicht wenige von ihnen – gefangen in einer freudlosen Ehe, gekettet an den falschen Partner – wieder in die Illegitimität flüchten mussten, wenn sie Sex haben wollten.

Dieser Doppelmoral setzten Langhans & Co ein „Wer zwei Mal mit derselben pennt, gehört schon zum Establishment" entgegen. Der Siegeszug der Pille und die Entschärfung des Kuppelparagrafen taten ein Übriges. Unehelicher Sex war nicht länger ein potenzieller Straftatbestand, sondern eine harmlose Vergnügung unter vielen.

Die Rahmenbedingungen hatten sich grundlegend geändert. Wer mit wechselnden Partnern ins Bett ging, musste nicht länger Vater- oder Schwangerschaft, soziale Ächtung und die Sittenpolizei fürchten, sondern konnte besten Gewissens darauf verweisen, frei nach der Maxime des großen Friedrich Schiller zu leben: „Drum prüfe, wer sich ewig bindet", ob sich nicht doch was Bessres findet. Erst mal ausprobieren, nichts überstürzen. Fürs Heiraten würde später immer noch genug Zeit sein.

Doch auch wenn die Hochzeitsglocken schließlich läuten, heißt dies noch lange nicht, dass die Liebenden ein Leben lang zusammenbleiben. Nicht der Tod, sondern der

Richter scheidet mittlerweile 43 von 100 Ehen. Zwar bringen es nur die wenigsten auf sieben Scheidungen wie Liz Taylor, doch fällt die Hemmschwelle, den Hochzeitsschwur zu brechen, spätestens im fünften Jahr auf Lendenhöhe. War die Ehe einst ein scharf überwachtes Zuchthaus, so ist sie heute allenfalls ein offener Vollzug – mit vorzeitiger Entlassung bei schlechter Führung.

Zeitgeistentdeckung Nr. 43: Das Internet-Dating fördert die Klassengesellschaft. „Elitepartner" bleiben unter sich.

Noch einfacher fällt der Abschied, wenn es nie einen Trauschein gab. Die wilde Ehe hat ihr Stigma verloren. Und selbst wenn Nachwuchs unterwegs ist – die Zeiten der „Pralinenbräute", als die Schwangere schnellstmöglich unter die Haube musste, um zu verhindern, dass aus der Frau eine „gefallene Frau" und aus dem Baby ein „Bastard" wurde, sind lange vorbei. In Frankreich, oft Vorreiter bei gesellschaftlichen Entwicklungen, werden mittlerweile mehr uneheliche als eheliche Kinder geboren.

Es geht uns also prächtig. Vieles kann, nichts muss, schon gar nicht auf Dauer. Kaum Verpflichtungen, aber jederzeit Gelegenheit, neue aufregende Partner kennenzulernen. Und dank Internet haben selbst die Schüchternen plötzlich gute Chancen.

Doch genau dort, in den Singlebörsen des World Wide Web, zeigt sich, dass beim „Streben nach Glück" Enttäuschungen vorprogrammiert sind, und zwar dergestalt wie Informatiker das Wort verstehen: als Abfolge von Prozessorbefehlen, bei denen der Rechner am Schluss ein Ergebnis ausspuckt. Die Eingaben des Interessenten werden mit Eingaben anderer Interessenten abgeglichen. Je mehr Übereinstimmungen, desto mehr „Matching Points". Je mehr Matching Points, desto größer die Wahrscheinlichkeit, dass hier zwei ähnlich gestrickte Menschen zueinander gefunden haben – zumindest aus Sicht der Mathematiker. Klingt erst mal gut. Auf der Suche nach Seelenverwandten ist keiner mehr an seine heimatliche Scholle gebunden. Der Flensburger, der vergeblich sein Gegenstück an der Ostsee suchte, hat nun die Möglichkeit, es an der Donau zu finden. Soweit die Theorie. Leider macht die Praxis dem schönen Traum meist einen Strich durch die Rechnung.

Erstens, weil es sich in der virtuellen Welt noch schamloser lügen lässt als in der realen. Hier wie dort gilt: Wer am besten schummelt, kriegt die meisten Dates. Zweitens, weil die aufregendsten E-Mails und knisterndsten Telefonate keine Gewähr für heiße Begegnungen sind. Von Angesicht zu Angesicht werden aus Projektionsflächen leibhaftige Menschen, die man im schlimmsten Fall nicht riechen kann, da die eigene Genetik – das gnadenlose, unbestechliche Partnersuch- und Fortpflanzprogramm – trotz 73 Prozent Matching Points kein sexuelles Interesse am Probanden bekundet. Und plötzlich erscheinen selbst „die guten Gespräche", die man vorher hatte, irgendwie banal.

Doch sind solche Desillusionierungen harmlos, verglichen mit der eigentlichen Krux der Singlebörsen. Die vermeintlich so moderne Art der Partnerfindung fördert in Wirklichkeit gesellschaftliche Zustände, die mehr mit dem 17. als mit dem 21. Jahrhundert zu tun haben. Auch wenn die Vermarkter der Partnerportale nicht müde werden, romantische Bilder grenzensprengender Liebe heraufzubeschwören – das Gegenteil ist der Fall. Das Internet zementiert die wirtschaftlichen Verhältnisse.

Sozialer Aufstieg durch Heirat? Das war einmal. Vorbei die Zeiten, da die Sekretärin den Chef und die Krankenschwester den Oberarzt ehelichte. Selbst glückliche Fügungen, wie sie in der realen Welt zumindest ab und an passieren – Lehrerin küsst Kfz-Mechaniker, Ingenieur verfällt Verkäuferin –, sind im virtuellen Kosmos praktisch ausgeschlossen. Die Architektin, die sich bei Elitepartner.de einloggt, will keinen Maurer, sondern einen Manager. Die Akademikerschicht bleibt unter sich, das Proletariat draußen.

So wird das Dating-Universum zum Spiegelbild der ökonomischen Welt. Denn auch dort wird aus dem Tellerwäscher kein Millionär. Nicht mehr.

„Danke!"

(Guildo Horn, 1997)

- Dem *Trierischen Volksfreund* („L'Ami du Peuple", Jean-Paul Marat), weil er in der Provinz erscheint, aber nicht provinziell ist

- Den Trierischen Volksfreunden Eva Großeastroth, Peter Reinhart und Hans-Peter Linz, weil sie mich mit Fragen konfrontieren wie „Was sagen Ukulelenkonzerte über den Zeitgeist aus?" oder „Warum ist der neue James Bond ein Fall für Sigmund Freud?" und die Antworten dann auch noch drucken lassen

- Helmut Schwickerath, weil er mich vor Jahren mal den „Jäger des verlorenen Zeitgeists" nannte

- Helmut Eckes, weil er mich daran erinnerte, dass ein zweites Buch fällig wäre

- Matthew Broderick, weil seine Rolle in *Ferris macht blau* der Auslöser war, mich mit Zeitgeist zu beschäftigen

- Christine Jöricke, weil sie ein Marketing- und Verkaufsgenie ist

- *brand eins, 11 Freunde, zweipunktnull.de, hunderttausend.de, KATZ*

Register

Bildnachweis

**Das erste Buch für
Männer, die sich mit
Zicken einlassen.
Und für Frauen, die
unter Zicken leiden.**

Erstmals erklärt ein Buch, was
genau in den Köpfen von Zicken
vorgeht. Jenen Wesen, die mehr
und mehr zum dominanten Ideal
moderner Weiblichkeit werden –
und in so mancher (Männer-)
Seele Spuren der Verwüstung
hinterlassen.

Es wurde Zeit für ein Buch, das
das Weltbild und die Strategien
moderner Zicken entlarvt.

*Karrierefrau als Schönheitsideal,
Kalte Sexualität* oder *Schleichende
Unterwerfung des Mannes* sind nur
einige brisante Aspekte, die dieses
Buch beleuchtet.

Guido Eckert:
**Zickensklaven.
Wenn Männer zu sehr lieben.**
Münster: Solibro Verlag 2009
[Klarschiff Bd. 1]
ISBN 978-3-932927-43-0
Broschur • 256 Seiten
eISBN 978-3-932927-59-1 (epub)

mehr **Infos & Leseproben**:
www.solibro.de

**Der erste Rat-
geber, der zeigt,
dass Weisheit
erlernbar ist.**

Eine weit verbreitete Ansicht
geht davon aus, dass Weisheit etwas sei, das sich zwar
mühsam, aber automatisch mit
zunehmendem Alter einstelle.
Diese Ansicht ist in zweierlei
Hinsicht falsch.

Zum einen ist nicht jeder Greis
zwangsläufig weise. Und zum
anderen lässt sich Weisheit
kultivieren und auch schon in
jüngeren Jahren praktizieren.

Dieses Buch zeigt konkret,
welche Blockaden im Denken
gelöst werden müssen, um weise zu werden. In 10 Schritten.
Ohne Vorkenntnisse, für
jeden Bildungsgrad.

Guido Eckert:
**Der Verstand ist ein durch-
triebener Schuft. Wie Sie ga-
rantiert weise werden**
Münster: Solibro Verlag 2010
[Klarschiff Bd. 3]
ISBN 978-3-932927-47-8
Broschur • 256 Seiten
eISBN 978-3-932927-60-7 (epub)

mehr **Infos & Leseproben:**
www.solibro.de

Das Buch für alle, die spüren, dass hierzulande etwas gewaltig schiefläuft.

Für die, die etwas ganz anderes wahrnehmen, als die von Medien, Wissenschaft und Politik konstruierte „Realität". Es zeigt, dass bisher alle Versuche, das Paradies auf Erden zu installieren, sowie das „absolut Gute" zu tun, immer zu Terror und Zerstörung geführt haben. Es ruft dazu auf, Freiheit auszuhalten und sich nicht Ideologien wie der politischen Korrektheit zu unterwerfen.

Maternus Millett:
Das Schlechte am Guten. Weshalb die politische Korrektheit scheitern muss.
Münster: Solibro Verlag 2011
[Klarschiff Bd. 4]
ISBN 978-3-932927-46-1
Broschur • 256 Seiten
eISBN 978-3-932927-61-4 (epub)

mehr **Infos & Leseproben:**
www.solibro.de

„Regeln
sind nur wichtig,
wenn sich das Herz
nicht sicher ist."

„Ein abenteuerliches Buch.
Voller Sehnsucht, voller Em-
pathie, voller Verzweiflung
und Gelächter."

Mathieu Carrière

„Es ist in der Tat so, dass
man beim Lesen anfängt,
die guten Sätze zu unterstrei-
chen, und bald ist die Hälfte
des Buchs unterstrichen, und
dann schaut man sich die
restlichen Sätze an und stellt
fest, dass die eigentlich
auch sehr gut sind."

Süddeutsche Zeitung

Helge Timmerberg:
**Tiger fressen keine Yogis
Stories von unterwegs**
Münster: Solibro Verlag 2011
ISBN 978-3-932927-22-5
Taschenbuch • 256 Seiten

mehr **Infos** & **Leseproben**:
www.solibro.de

Es gibt Satire, die ist staatstragend, und es gibt Satire, die richtig wehtut!

Pünktlich zum Wahljahr legt der ehemalige Titanic-Redakteur Bernd Zeller einen Thriller über die Entführung der Kanzlerin vor, der so heftig ist, dass sich Politiker ärgern dürften, dass mit der Justiz Satire nur schwer beizukommen ist.

Bernd Zeller:
Lost Merkel.
Die verrückte Entführung
der unheimlichen Kanzlerin
Münster: Solibro Verlag 2013
[Satte Tiere Bd. 1]
ISBN 978-3-932927-56-0
TB • 112 Seiten
eISBN 978-3-932927-57-7
(epub)

mehr **Infos & Leseproben:**
www.solibro.de

„Am Tag, als Janis Joplin starb, unterschrieb mein Vater den Kaufvertrag für unser Reihenhaus. Er legte so den Grundstein dafür, dass eine große Liebe zu einer Gütergemeinschaft verkam."

Empfohlen von Ingo Naujoks bei **Jürgen von der Lippes** „Was liest Du?" im **WDR**

„Es gibt Bücher, die sind so gelungen, das man sie kaum aus der Hand legen mag – es sei denn, um sich die Lachtränen abzuwischen. Frank Jöricke ist mit seinem Erstling ein derartiges Kunstwerk gelungen."

Badisches Tagblatt

Frank Jöricke:
Mein liebestoller Onkel, mein kleinkrimineller Vetter und der Rest der Bagage
Münster: Solibro Verlag 2010
[cabrio Bd. 2]
ISBN 978-3-932927-36-2
Broschur • 256 Seiten
eISBN 978-3-932927-53-9
(epub)

mehr **Infos** & **Leseproben:**
www.solibro.de